MANUAL DA MULHER MODERNA

BRUNA RAMOS DA FONTE

Coordenadora editorial: Tânia Lins
Coordenador de comunicação: Marcio Lipari
Capa, projeto gráfico e diagramação: Equipe Vida & Consciência
Preparação: Janaina Calaça
Revisão: Equipe Vida & Consciência

1ª edição — 1ª impressão
2.000 exemplares — maio 2025
Tiragem total: 2.000 exemplares

CIP-BRASIL — CATALOGAÇÃO NA PUBLICAÇÃO
(SINDICATO NACIONAL DOS EDITORES DE LIVROS, RJ)

F762m

Fonte, Bruna Ramos da
Manual da mulher moderna: um guia para refletir sobre o que é ser mulher no século XXI / Bruna Ramos da Fonte. - 1. ed. - São Paulo: Vida & Consciência, 2025.
224 p. ; 21 cm.

ISBN 978-85-7722-685-6

1. Mulheres - Condições sociais. 2. Feminismo.
3. Mulheres - Atitudes. I. Título.

CDD: 305.4
25-97082.0 CDU: 141.72:316.346.2-055.2

Este livro adota as regras do novo acordo ortográfico (2009).

Vida & Consciência Editora e Distribuidora Ltda.
Rua das Oiticicas, 75 — São Paulo — SP — Brasil
CEP 04346-090
editora@vidaeconsciencia.com.br
www.vidaeconsciencia.com.br

MANUAL DA MULHER MODERNA

Um guia para refletir sobre **o que é ser mulher** no século XXI

BRUNA RAMOS DA FONTE

Para todas as pessoas que, assim como eu, não deixam de acreditar que é possível construir um mundo onde todos nós possamos caminhar de mãos dadas, independentemente do sexo biológico, da cor, raça, do credo, das escolhas e preferências de cada um.

AGRADECIMENTOS

Este livro começou a ser gestado no ano de 2021, quando eu — com praticamente duas décadas de atraso — finalmente me rendi à ideia de escrever um blog, mesmo sabendo que esse conceito já estava completamente fora de moda.

Porém, a existência do *Blog da Mulher Moderna* foi breve, e ele saiu do ar cinco postagens após seu nascimento. O motivo? Uma conversa com os amigos da Editora Vida & Consciência, que, para alegria da minha alma teimosamente analógica, me motivou a transformar o recém-nascido blog em livro.

Como estas páginas não existiriam sem vocês, meus mais sinceros agradecimentos à família Gasparetto — em especial a Zibia, Luiz Antonio, Silvana e Vanessa — e à toda a equipe Vida & Consciência — em especial a Tânia Lins, Nayara Striani, Jefferson Leal, Janaina Calaça, Marcio Lipari, Cássia Costa, Simone Perenha, Vera Alves, Murilo Nogueira e Anderson Souza.

Finalmente, como nossa amizade agora se traduziu em prefácio, agradeço à amiga-irmã Soraia André César pelo belíssimo testemunho que abre as páginas deste livro. Minha gratidão também aos familiares, amigos, leitores, editores, alunos, pacientes e colegas de trabalho e profissão, cujos caminhos um dia se cruzaram com os meus.

Outono de 2025

PREFÁCIO

Bruna Ramos da Fonte poderia ser definida pelo seu próprio nome. Olhando para ela, vemos nitidamente RAMOS frutíferos dos quais todos que se aproximarem sairão saciados e alimentados, tamanho o vigor que emana dessa pequena grande mulher, que é também uma FONTE inesgotável de alegria, amor e perseverança.

Vi Bruna pela primeira vez na abertura de uma edição da Semana Literária de Santo André. Ela estava sentada à mesa de autoridades e, enquanto discursava, me ocorria a imagem de uma mulher de no mínimo 1,80 metro de altura e talvez uns 80 quilos. Quando ela desceu da tribuna, me deparei com uma mulher pequena, franzina e magra; fiquei bastante espantada e intrigada com a imagem exterior que eu estava vendo, pois parecia que algo não estava em sintonia: onde estava aquela mulherona que eu havia escutado falar? Estava certa de que as falas eram dela, pois havia visto e comprovado que o microfone estava à altura de sua boca.

Fiquei curiosa para descobrir quem era Bruna, aquela pequena grande mulher. Imediatamente, soube que ela faria uma palestra sobre Escrita Terapêutica naquela mesma semana, então anotei o dia e horário. Chegada a data, lá fui eu, curiosa, para ouvir um pouco mais sobre a tal escrita e decifrar aquele mistério em forma de mulher. Na palestra, ela citou a minha presença publicamente, e, ao final, conversamos bastante. E foi assim que nasceu um grande amor.

Nos anos seguintes, vários almoços e cafés nos aproximaram, e descobrimos o quanto tínhamos em comum, o quanto éramos parecidas, o quanto nossos pensamentos e nossas ideias eram similares. Muitas vezes, chegamos a brincar que somos gêmeas — e poderíamos ser mesmo, não fossem os mais de vinte anos cronológicos que nos distanciam.

Duas mulheres lutadoras e intrépidas: assim eu nos defino. Em minha trajetória de pioneirismo no Judô Feminino Brasileiro, tive que enfrentar inúmeros desafios, desde a proibição de lutar — sustentada por um decreto-lei a partir do qual mulheres não poderiam praticar qualquer tipo de luta no Brasil. Sendo uma mulher preta e pobre, precisei ouvir muitos "nãos" para conseguir adentrar, praticar e permanecer praticando um esporte de homens brancos, mas segui em frente participando e vencendo diversos campeonatos nacionais e internacionais. Ao mesmo tempo, desde a sua adolescência, Bruna se interessou e escreveu sobre temas pelos quais poucas jovens teriam se interessado — dentre eles a Bossa Nova e a música erudita — e certamente também ouviu muitos "nãos" no seu caminho. Mas ela não deu ouvidos e prosseguiu, mostrando sempre a sua garra, coragem e determinação.

Esta obra, indubitavelmente, será de grande inspiração para meninas e mulheres que desejarem assumir o protagonismo de suas próprias vidas, para que possam assumir definitivamente o controle sobre si mesmas e se libertarem das amarras físicas, sociais ou psicológicas, que muitas vezes nos impedem de atravessar a linha de chegada e conquistar todos os nossos objetivos.

Soraia André César
Psicóloga, pioneira do judô feminino no Brasil. Atleta Olímpica (Seul 1988/Barcelona 1992) e medalhista nos Jogos Sul-americanos e Pan-americanos. Autora do livro Japonegra: uma história de superação, fé e amor.

PATRIARCADO

pa·tri·ar·ca·do
sm
4 ANTROP Tipo de organização social que se caracteriza pela sucessão patrilinear, pela autoridade paterna e pela subordinação das mulheres e dos filhos.

MACHISMO

ma·chis·mo
sm
3 Ideologia da supremacia do macho que nega a igualdade de direitos para homens e mulheres.

FEMINISMO

fe·mi·nis·mo
sm
1 Movimento articulado na Europa, no início do século XIX, com o intuito de conquistar a equiparação dos direitos sociais e políticos de ambos os sexos, por considerar que as mulheres são intrinsecamente iguais aos homens e devem ter acesso irrestrito às mesmas oportunidades destes. (O movimento pressupunha, já de início, uma condição fundamental de desigualdade, tanto em termos de dominação masculina, quanto de desigualdade de gênero e dos efeitos sociais decorrentes da diferença sexual.)

Fonte: Michaelis Dicionário Brasileiro da Língua Portuguesa

Escolhi iniciar este livro com as definições das palavras ***patriarcado****,* ***machismo*** *e* ***feminismo****, pois são termos que ouvimos com frequência, mas que, por falta de informação, ainda causam muita confusão quando entram no texto. Além do mais, são três palavras-chaves que aparecerão diversas vezes nestas páginas, então é fundamental que você assimile cada uma delas com propriedade.*

Quando não compreendemos a ideologia do ***patriarcado****, dificilmente conseguimos ter dimensão do impacto desse sistema social nas nossas vidas, que há alguns milênios confere autoridade exclusiva ao homem e exige subordinação por parte da mulher e dos filhos.*

Devido à similaridade da grafia de ambas as palavras, costumamos acreditar que o ***feminismo*** *seria algo similar ao* ***machismo****, ou seja, uma tentativa de dominação do homem pela mulher. Não se trata disso; trata-se de um movimento que, desde o princípio, visa à igualdade e à equiparação dos direitos políticos, econômicos e sociais para ambos os sexos biológicos.*

A partir de agora, convido você a deixar crenças, certezas e preconceitos guardados nesta página, para que possamos caminhar livremente e sem quaisquer tipos de amarras pelos temas sobre os quais conversaremos e, principalmente, para que você possa refletir sobre o papel e o impacto que essas três palavras têm na sua vida.

Instruções:

COMO USAR ESTE LIVRO?

Este livro foi escrito para ser um companheiro na sua jornada em direção ao autoconhecimento, através das reflexões e dos exercícios de Escrita Terapêutica que preparei para você.

Você tanto pode fazer a leitura e os exercícios na sequência proposta, como de maneira aleatória, pois a ordem em que eles serão realizados não interferirá no processo.

Você também pode ler o livro completo e somente depois iniciar os exercícios, respeitando seu ritmo. O importante é manter seu comprometimento e dedicar tempo suficiente para refletir sobre cada tema.

Aviso:

NÃO TENHA MEDO DE BUSCAR AUXÍLIO PROFISSIONAL

Se em algum momento do seu processo de Escrita Terapêutica, você perceber que está tocando em um assunto com o qual não saberá lidar sozinha, não tenha medo de buscar auxílio profissional.

Lembre-se: recorrer a um profissional qualificado não é fraqueza. Além do mais, ter um acompanhamento simultâneo ao processo de desenvolvimento da Escrita Terapêutica tornará sua experiência ainda mais rica e proveitosa.

SUMÁRIO

PRAZER, EU SOU A MULHER MODERNA

Se você tem a impressão de que não entendeu nada sobre a loucura que é ser mulher no século XXI, não se desespere. Todas nós ainda estamos tentando entender.

Eu sou aquela mulher que, dia ou outro, se levanta da cama pela manhã sem saber exatamente para onde ir. Por vezes, me sinto perdida, então, passo meus dias buscando descobrir, encontrar e ocupar espaços que são meus, mas que nem sempre sei bem onde ficam. Mesmo assim, não deixo de caminhar pela vida, disposta a experimentar estradas diferentes daquelas que meus olhos enxergam, e a desafiar o tempo inteiro o destino que um dia alguém sonhou para mim. Nesse caminho, vou construindo passo a passo minha própria história.

Eu sou aquela mulher que não espera a chegada de uma princesa ou de um príncipe encantado. Espero alguém de carne e osso, com dúvidas na cabeça, cicatrizes na pele e uma porção de sonhos no coração. Alguém com quem eu não tenha medo ou vergonha de despir meu corpo e minha alma, com quem não tenha que competir ou representar falsos papéis. Busco alguém com quem possa dividir todos os cantos do meu espírito imperfeitamente perfeito e, ainda assim, ter a certeza de que continuarei sendo amada por ser exatamente quem sou.

Eu sou aquela mulher cheia de sentimentos e pensamentos ambíguos. Inevitavelmente, carrego dentro de mim a "mocinha" que me ensinaram a ser e a mulher que realmente sou. Apesar de todos os conflitos e das dúvidas que geraram na minha mente, procuro equilibrar a inevitável presença de cada uma das duas em minha vida, sempre aberta a aprender tudo aquilo que elas têm a me ensinar nessa jornada. Afinal, sei que são elas que me ajudam a descobrir um pouco mais a cada dia sobre o que é ser mulher e, principalmente, sobre a mulher que eu realmente sou.

Eu sou aquela mulher que, por vezes, se cobra muito mais do que deveria e que, na busca pela liberdade, corre o risco de, em alguns momentos, acabar se limitando ainda mais. Apesar de ser forte, sou extremamente sensível e vivo assombrada pelos fantasmas dos modelos e estereótipos que ainda fazem parte da minha rotina. Com isso, conduzo minha vida com o dobro de cuidado e comprometimento, só para não correr o risco de errar e ouvir aquela frase que a gente detesta: "Só podia ser mulher".

Sou desbravadora — não por natureza, mas por necessidade —, pois aprendi que ser mulher é caminhar constantemente por lugares onde quase ninguém caminhou, é abrir portas onde, aparentemente, só existem paredes. Sei que errar faz parte desse processo, mas, como nem sempre encontro respostas para minhas perguntas, confesso que às vezes sinto um frio na barriga por medo de me arrepender de minhas próprias escolhas, pois sei também que terei de conviver com suas imprevisíveis e inevitáveis consequências.

Eu sou aquela mulher mutante, que se reinventa e se transforma sempre que a vida pede mudança. Não tenho medo de duvidar das minhas certezas e não me canso de questionar o tempo inteiro as verdades do mundo e as minhas próprias verdades. Eu sou aquela mulher única, que não cabe em rótulos, que só quer alcançar o direito de se permitir ser aquilo que ninguém mais pode ser por mim: eu mesma. E, apesar de todos os tropeços, continuo sendo aquela mulher que acorda todos os dias em busca da minha melhor e mais verdadeira versão.

Prazer, eu sou a mulher moderna.

Conte pra mim, mulher: quais são os desafios e as preocupações que hoje fazem parte de sua vida de Mulher Moderna?

Este é o momento ideal para refletir sobre as escolhas que você tem feito com um friozinho na barriga e sobre aquelas questões que têm lhe provocado algum tipo de medo ou insegurança.

A CASA É DAS MENINAS E DOS MENINOS

Lembra-se daqueles momentos em que você ficou com a impressão de ter sido tratada de forma diferente só por ser mulher? É muito provável que você estivesse certa.

A mãe está na cozinha terminando de preparar o almoço de domingo, enquanto os filhos — um menino e uma menina — estão brincando no tapete da sala. A comida está quase pronta, e a mãe, sem pensar duas vezes, pede à filha que pare de brincar para ajudá-la a colocar toalha, pratos e talheres na mesa. Enquanto a menina ajuda a mãe, ao menino é permitido seguir brincando até a hora em que todos se reunirão para almoçar.

Você já viu ou vivenciou essa cena que acabei de descrever? Se você tem um irmão homem, talvez tenha passado, em algum momento, por algo parecido na sua casa. Agora, se você é mãe de menino e menina, talvez tenha se visto fazendo o papel dessa mãe que descrevi. Se isso aconteceu e você ficou preocupada com a diferença de atribuições que confere a cada filho, não se desespere, pois, em algum momento da vida, todas nós repetimos — frequentemente e de forma instintiva — os papéis que tivemos como modelo e acreditamos ser corretos. É por isso que convido você para compartilhar essa reflexão comigo.

Em casas onde há meninos e meninas, é comum ver esse tipo de cena acontecer com frequência, evidenciando a diferença na criação de um e de outro. Apesar de toda a luta pela igualdade que travamos nas últimas décadas, ainda carregamos no nosso comportamento uma série de estereótipos e papéis predefinidos de gênero que parecem ter vindo conosco na nossa versão de fábrica. Isso porque, durante milênios, vivemos de acordo com os papéis de gênero que um dia foram compulsoriamente atribuídos para homens e mulheres com base em crenças que hoje já não cabem mais no contexto da nossa sociedade contemporânea.

Muitas de nós seguem acreditando que as tarefas domésticas são funções exclusivamente femininas, e, com isso, os reflexos da criação que tivemos afetam a qualidade das convivências que temos na vida adulta. A abstenção do homem nas atividades domésticas faz toda a carga recair automaticamente nos ombros da mulher, que, apesar de se sentir incomodada e exausta com o excesso de funções que acaba exercendo, por vezes não enxerga uma saída senão seguir desempenhando o papel que, sendo mulher, ela acredita ser seu por obrigação.

Veja bem, não estou dizendo que há problema em gostar de desempenhar atividades domésticas. O que estou dizendo é que não é somente a mulher que tem a habilidade para desenvolvê-las e que, dentro de uma casa onde homens e mulheres, meninos e meninas compartilham o mesmo espaço, é preciso dividir as tarefas de maneira igualitária, independentemente do sexo biológico de cada um.

Instintiva e intuitivamente, nós acabamos perpetuando esse tipo de comportamento que não inclui o menino nas atividades de casa nem o responsabiliza por elas. É necessário atribuir essas funções desde cedo, para que ele possa compreender que também faz parte daquele espaço e tem que colaborar para sua manutenção. Nós precisamos aprender a ser — e ensinar os nossos filhos a serem — pessoas autônomas: homens que saibam preparar suas refeições e lavar suas próprias roupas, mulheres que saibam trocar a resistência do chuveiro ou pendurar um quadro na parede.

Penso que não basta ser uma mulher preocupada com igualdade de gênero somente da porta para fora; é preciso que essa consciência comece dentro de casa e esteja presente no dia a dia familiar. É necessário também que a gente questione e se desvincule cada vez mais desses papéis preestabelecidos e limitantes, pois, dentro de uma casa onde há a divisão igualitária de tarefas, a mulher deixa de exercer uma dupla jornada, que, além de exaustiva, a faz, por vezes, sentir-se infeliz e insatisfeita com sua condição de mulher.

Mas, para que a mudança comece a acontecer efetivamente, é preciso que você entenda que abandonar papéis de gênero aos quais está acostumada não a tornará menos mulher. É necessário também que você compreenda que os homens com quem compartilha o mesmo espaço — sejam eles pais, irmãos, maridos, filhos ou colegas de trabalho — têm capacidade de exercer essas funções com tanta propriedade quanto você. Afinal, a vivência da igualdade de gênero começa dentro de casa.

Conte pra mim, mulher: você está pronta para começar a dividir e delegar todas aquelas funções que um dia aprendeu que lhe pertenciam exclusivamente?

Este é o momento ideal para refletir sobre a presença e a influência dos papéis de gênero na sua vida. Suas ações têm colaborado para que eles se perpetuem?

____

____

____

____

____

____

____

____

____

O LADO OCULTO DA "MOCINHA"

O estereótipo da "mocinha" atrapalha tanto o desenvolvimento da mulher que, se dependesse de mim, essa palavra seria banida do dicionário ainda hoje.

Se você já teve a oportunidade de assistir à série de televisão *A feiticeira*, famosa na década de 1960, certamente conhece Samantha, uma bruxa que, ao se casar com James — um publicitário mortal que não aceita os poderes mágicos da esposa — acaba renunciando às facilidades que a magia poderia trazer para sua rotina de mãe e dona de casa. Assim, na maior parte do tempo, ela se esforça para levar uma rotina comum — limpando, cozinhando, lavando e cuidando dos filhos, enquanto espera o marido chegar no final do dia — mas, como sua essência ocasionalmente fala mais alto, vez ou outra ela acaba recorrendo aos seus poderes nos momentos em que James não está, a fim de facilitar um pouquinho sua rotina exaustiva.

Uma grande metáfora da vida da mulher da época — e, infelizmente, da vida de muitas mulheres ainda hoje —, é nítido o esforço que a personagem faz para ser menos do que poderia ser, somente para agradar ao marido que não consegue aceitar e lidar com o fato de a esposa ter poderes e habilidades que ele não possui. Criada em uma época na qual a mulher lutava para adquirir independência e liberdade sobre a própria vida e as próprias escolhas, a série expõe com clareza os conflitos vividos por mulheres que buscam conciliar o papel esperado que elas desempenhem como mãe e dona de casa aos seus próprios dons, desejos e sonhos mais genuínos e ocultos.

Quantas vezes abdicamos do melhor que há em nós na tentativa de nos encaixarmos nos padrões impostos pela sociedade ou simplesmente para atender às expectativas do outro? Quantas vezes deixamos de seguir nossos sonhos, sabendo que certas realizações poderiam causar algum tipo de conflito familiar ou conjugal? Ao longo dos anos em que venho trabalhando com grupos de mulheres, tive a chance de conviver com pessoas de diferentes faixas etárias e classes sociais e, com uma frequência muito maior do que gostaria de admitir, ouvi histórias de mulheres que apanharam ou foram expulsas de casa pelo pai, pela mãe — sim, existem mães extremamente machistas —, por irmãos ou pelo marido, pelo simples fato de terem se matriculado em um curso profissionalizante ou conseguido um emprego e, consequentemente, sua independência financeira.

Seja por motivações culturais, religiosas ou até mesmo por hábito, é comum que, em muitas casas, a menina seja cerceada desde pequena nos mais diversos aspectos, pois há uma tentativa de moldá-la para desempenhar aquele que muitos ainda acreditam ser o papel da mulher. Ao ser apresentada ao "mundo da mocinha", ela por vezes aprende que ser espontânea, dar uma risada gostosa quando sentir vontade, expressar suas ideias e seus pensamentos mais profundos ou estar feliz e sentir-se à vontade com seu corpo são comportamentos inadequados para uma menina. A cada limite injustamente imposto, ela se afasta um pouco mais de sua essência, caminhando em direção a um território no qual a sensação de desajuste e insatisfação proliferam a cada nova frustração.

Quantas vezes você já se viu agindo como Samantha, que esconde seus poderes mágicos para ser aceita e não desagradar as pessoas do seu convívio? Pense bem: é você mesma quem está guiando seus passos pelas estradas da vida ou você tem caminhado sobre o chão das crenças antigas e ultrapassadas que nossa sociedade ainda cultua? Não tenha medo de questionar seus comportamentos e suas escolhas e, principalmente, nunca se esqueça de que ser autêntica e viver de acordo com seus sonhos é um direito que não pode ser roubado ou minimizado por ninguém. Esteja certa de que aqueles que verdadeiramente a amam e respeitam, seguirão amando e respeitando mesmo depois de conhecerem o lado oculto da "mocinha" que você, um dia, aprendeu a ser.

Conte pra mim, mulher: com que frequência você tem ocultado o melhor que há dentro de si, na tentativa de caber nos padrões vigentes?

Este é o momento ideal para refletir sobre habilidades, características, sonhos e planos que podem ter ficado para trás, devido ao seu medo de assumir comportamentos e gostos que poderiam causar algum tipo de rejeição por parte das pessoas com quem você convive.

CASAR-SE OU NÃO SE CASAR, EIS A QUESTÃO

Sabe aquele momento em que percebemos que o medo de repetir uma relação falida nos fez jogar um relacionamento incrível pela janela? Pois é disso que estou falando.

Tratada como propriedade ao longo de pelo menos cinco milênios, a mulher foi considerada incapaz — ou relativamente capaz — durante muito tempo, devendo a sua "tutela" ser transferida, em algum momento da vida, da família para o marido, em troca de um dote financeiro. Ou seja, ela tinha tanto valor quanto um lote de terra e nenhum poder de escolha sobre quem seria seu marido: levava quem pagava mais. Se escravo é todo aquele que é trocado por dinheiro ou bens — e que não possui direito de escolha sobre o próprio destino —, podemos, então, dizer sem medo que, ao longo desse tempo, a mulher viveu uma vida análoga à escravidão e que o casamento era nada além de uma grande prisão.

A única liberdade que ela teve — em alguns momentos da história — foi a de escolher entre o casamento e o convento, ou seja, entre ser tutelada pelo marido ou pela Igreja. Assim, foram muitas as mulheres que escolheram a segunda opção, não necessariamente por vocação, mas por vislumbrarem na vida religiosa a possibilidade de se desenvolverem intelectualmente, garantindo o acesso a livros e ao estudo e, até mesmo, a chance de viajar ou viver em outras cidades ou outros países; em resumo, era uma oportunidade de acessar realidades que não faziam parte do universo da mulher casada. E, para quem acha que isso é história de um passado muito distante, a escritora contemporânea Maria Valéria Rezende, por exemplo, conta que optou pelo convento justamente para ter a chance de desenvolver uma vida intelectual que não teria sido possível caso tivesse escolhido o casamento.

Legalmente, para que pudesse realizar quaisquer atos que transcendessem as barreiras dos afazeres domésticos, a mulher casada precisava constantemente "pedir a bênção" do marido e torcer para que ele consentisse. Quer ver? No Código Civil Brasileiro de 1916

— que só seria atualizado no ano de 2002 —, a mulher era considerada relativamente capaz, sendo atribuição do marido autorizar ou não seus atos. O Código expressava explicitamente que ele seria o chefe da sociedade conjugal (artigo 233) e que ela não poderia — de forma alguma — exercer uma profissão ou aceitar uma herança, por exemplo, sem sua autorização (artigo 242). Ainda de acordo com o Código, a mulher só teria direito de administrar os bens familiares caso o marido estivesse encarcerado, interditado ou em local desconhecido (artigo 251). Nesse contexto, homens e mulheres se tornariam "iguais perante a lei" — tanto em termos de direitos quanto de obrigações — somente com a promulgação da Constituição Federal de 1988 (artigo 5º, inciso I).

Algumas décadas se passaram, e cá estamos: "Eu e você, você e eu"[1] chegamos ao século XXI livres para fazer nossas próprias escolhas sem precisarmos, enfim, do aval da família ou de um marido. Somos livres — ao menos perante a lei, pois não podemos nos esquecer de que ainda existem muitas barreiras culturais, religiosas e sociais a serem vencidas — para escolher o que queremos estudar, onde vamos trabalhar, com quem podemos nos relacionar, se queremos ter filhos ou não. Mas aí nos deparamos com outra questão: como tivemos exemplos próximos de mães, avós ou tias que viveram encarceradas em seus casamentos, frequentemente associamos a experiência conjugal a algo extremamente negativo e castrador. Não sei o que você ouviu sobre isso no seu contexto familiar, mas, ao longo da minha infância e adolescência, ouvi de minhas tias-avós — traumatizadas com seus casamentos e suas histórias de vida — que,

1 VOCÊ e eu, eu e você (juntinhos). Intérprete: Tim Maia. Compositor: Tim Maia. *In*: Tim Maia. Intérprete: Tim Maia. [*S. l.*]: Polydor, 1980.

se fossem jovens no mundo em que nasci, jamais se casariam.

Ouvir esse tipo de conselho fez muitas mulheres criarem algum tipo de medo ou resistência em relação ao casamento e, frequentemente, as escutamos questionar se é possível conciliar uma união a uma vida livre e independente. Na minha opinião, a resposta é "sim, é possível", mas desde que você e a pessoa com quem irá compartilhar seus dias enxerguem no casamento um território igualmente livre para os dois lados. Digo isso, pois, como tivemos relacionamentos machistas e autoritários como modelo — em que a mulher tinha pouca ou nenhuma voz —, muitos ainda repetem esse padrão, submetendo-se a esse tipo de comportamento ou exercendo uma tentativa de dominação sobre o outro. Existem muitos jovens que agem como se ainda estivéssemos vivendo sob a Constituição de 1916, portanto, para que o casamento de hoje não seja uma prisão como foi no passado, precisamos começar a questionar imediatamente nossos modelos e nossas crenças sobre o tema.

A partir do momento em que o casamento deixou de ser uma obrigação — e o único caminho possível na vida de uma mulher —, passamos a ter a belíssima oportunidade de construir relações fundamentadas no amor e na liberdade de escolha. Com isso, os relacionamentos passaram a ocupar novos espaços e a ganhar diferentes formatos e possibilidades, tornando-se experiências cada vez mais interessantes e enriquecedoras. Portanto, caso escolha — ou tenha escolhido — se unir a alguém, saiba que o casamento nunca a fará menos mulher nem menos moderna: é preciso apenas que você e o seu amor estejam dispostos a rever seus modelos e padrões de relacionamento, para que possam construir uma parceria saudável e equilibrada, pautada no respeito à individualidade.

Não se esqueça de que ter a liberdade de conduzir seu próprio destino não lhe impõe abdicar do seu direito de amar, ser amada ou de viver uma vida em comum com quem ama.

Conte pra mim, mulher: você tem abdicado do seu direito de amar e ser amada por medo de cair nessa "prisão" que nós, frequentemente, associamos à ideia do casamento?

Este é o momento ideal para refletir sobre os casamentos que você teve como modelo no seu núcleo familiar. De que maneira essas experiências moldaram sua visão sobre o que é uma união ou sobre como ela poderia ser?

HISTÓRIAS QUE CABEM NOS DEDOS

Quando acolhemos nossos traumas e nossas infelicidades, compreendendo que são parte da nossa história, damos um passo importante em direção a uma vida mais leve.

Durante muito tempo — quando a mulher ainda não tinha independência para fazer escolhas ou tomar suas próprias decisões —, as roupas, os calçados e os acessórios que ela usava não eram escolhas suas, mas sim de quem a sustentava. Portanto, se hoje podemos dizer que a forma como nos apresentamos para o mundo por meio da moda é uma expressão da nossa individualidade, a mulher, ao se vestir em épocas passadas, não tinha esse espaço, expressando através do vestir a identidade do núcleo social, religioso e familiar ao qual pertencia e, principalmente, a identidade coletiva da mulher submissa, limitada e dependente daquele tempo.

Há poucas décadas, por exemplo, ainda era comum que, em alguns momentos da vida da mulher — como a celebração de aniversários, formaturas e noivados —, ela fosse presenteada com anéis. Tradição herdada de um tempo em que a mulher não possuía renda ou posses, as joias acumuladas ao longo da vida eram seu único patrimônio e a garantia de sua própria subsistência e de seus filhos, em caso de perda do seu provedor. Mas, conforme os tempos mudam, costumes e tradições podem, gradualmente, deixar de fazer sentido. A partir do momento em que a mulher conquistou sua emancipação e passou a ocupar novos espaços, essa e outras tantas tradições praticamente caíram em desuso. Com isso, os anéis de antigamente foram trocados por cursos, veículos, eletrônicos, viagens e outras coisas que hoje fazem mais sentido no contexto de crescimento pessoal e profissional da mulher moderna.

Nesse mundo pós-moderno — onde há espaço para rever e questionar tudo aquilo que foi tradição durante tanto tempo —, nem mesmo no campo do relacionamento anéis e alianças são unanimidade: tornou-se cada vez mais comum ver casais trocando a tradicional aliança por tatuagens, pingentes e diferentes acessórios ou objetos que tenham alguma importância simbólica para ambos e que possam, de alguma maneira, representar aquela união sem cair em modelos óbvios e genéricos.

Minha avó paterna cresceu justamente nessa fenda do tempo na qual aconteceu a transição da mulher que ganha anéis para a mulher que compra os próprios anéis. Lembro-me de, quando criança, ser fascinada pelas mãos dela: sempre com as unhas longas pintadas de vermelho-sangue e enfeitadas com diversos anéis de diferentes formatos e cores, que, lado a lado, compunham o mosaico de sua vida. Como testemunhas silenciosas de momentos passados, cada anel tinha sua história, e, ainda que soubesse todas de cor, quando eu ia à casa dela, fazia de conta que esquecia só para ouvi-las novamente. Até hoje guardo cada uma dessas histórias na memória: o anel de rubi que ela ganhou de seus avós; o solitário de ouro branco com o qual foi pedida em casamento pelo meu finado avô; a aliança de diamantes que ganhou quando descobriu estar grávida do primeiro filho — meu pai —; o anel que herdou da mãe; os anéis que comprou nas férias que passava com as amigas na Bahia. Naqueles dedos finos e compridos faltava apenas a aliança que o mar levou ainda na viagem de lua de mel.

Por conhecer tão bem a natureza e a personalidade da minha avó, sempre tive facilidade de diferenciar quais anéis haviam sido escolhidos por ela e quais tinham sido presentes de terceiros. Neles enxergo todo o rompimento com as tradições vigentes, que lhe permitiram conquistar o direito de trabalhar fora, estudar, escolher a roupa que iria vestir e, com isso, o direito de eleger também seus próprios anéis. Uma mulher extremamente moderna em diversos aspectos, minha avó lutou para ocupar espaços — tanto na família quanto na sociedade —, que, até então, eram negados ao sexo feminino. Nas mãos dela, até hoje, convivem lado a lado a mulher que ela foi criada para ser e a que ela conquistou o direito de se tornar.

Lembro-me de, ocasionalmente, pedir à minha avó que me desse algum de seus anéis, mas ela sempre negava, dizendo que, quando eu crescesse, também teria os meus. Levou alguns anos para que eu compreendesse o que minha avó queria dizer com isso: seria preciso que eu mesma conquistasse meus próprios "anéis", ou seja, vivesse minhas próprias histórias — aquelas que podem ser compartilhadas como forma de inspiração, mas nunca transferidas para outra pessoa.

O tempo passou, e hoje percebo que meu fascínio nunca foi pelas joias, mas pelas histórias que elas carregam e pelas conquistas que simbolizam. Por meio das mãos de minha avó, aprendi que é preciso acolher e compreender os acontecimentos que nos trouxeram até aqui, para que, a partir de então, possamos escolher nossos próprios caminhos e escrever histórias diferentes daquelas às quais estávamos aparentemente predestinadas. Aprendi que, ao longo da vida, involuntariamente recebemos diversas coisas que jamais teríamos escolhido se tivéssemos opção, mas que, inevitavelmente, passam a fazer parte daquilo que somos. É preciso aprender a conviver com essa bagagem e lidar com o peso de nossa própria história — não que isso seja fácil.

Para aquelas histórias menos felizes que deixaram cicatrizes na sua alma, restam apenas duas opções: escondê-las nos porta-joias da sua vida e fazer de conta que elas não existem, ou mantê-las ao alcance dos olhos e das mãos, utilizando-as como bússolas norteadoras dos caminhos futuros que você desbravará, exercendo, assim, seu direito de transitar pelas estradas que um dia foram pavimentadas por minha avó e por milhares de anônimas que nos conduziram até aqui. Ao escolher caminhar de mãos dadas com as histórias menos felizes da sua vida, você entenderá que, mais do que um comportamento —, ser mulher nos dias de hoje é um verdadeiro compromisso.

Conte pra mim, mulher: você tem lidado com os acontecimentos e as histórias menos felizes que a vida um dia lhe trouxe?

Este é o momento ideal para refletir e resgatar aquelas histórias que estão escondidas em algum lugar do porta-joias da sua vida. Ainda que estejam reprimidas, é fundamental compreender que essas vivências ainda ocupam espaços e podem estar influenciando suas escolhas de maneira inconsciente.

SERÁ QUE ESTAMOS AGINDO COMO ANIMAIS SELVAGENS?

Esqueça aquela história de que a gente precisa estar sobrecarregada e exausta para provar que tem valor. Quem está sempre cansada nunca vai ter tempo nem disposição para ser feliz.

Entra ano, sai ano, e nós continuamos falando sobre essa que ainda é uma das maiores pedras no sapato da mulher: a questão da dupla jornada de trabalho. E se a jornada é dupla, podemos dizer que as respectivas responsabilidades são infinitamente maiores, pois raramente o envolvimento da mulher com o trabalho termina no fim do expediente — bem como suas responsabilidades com a casa e com a família dificilmente se limitam aos horários em que ela não está trabalhando.

No contexto de um mundo extremamente mutante e competitivo, em que as exigências mínimas aumentam cada vez mais, para uma pessoa crescer profissionalmente — ou até mesmo para manter-se na posição alcançada — não basta cumprir quarenta horas semanais de trabalho; é preciso buscar fluência em um segundo ou terceiro idioma, dominar sistemas e *softwares*, frequentar palestras e *workshops* para manter-se atualizada e cursar mais quantas especializações for necessário para seguir atendendo às necessidades do mercado de trabalho.

Se somente esse conjunto de atividades relacionadas à vida profissional já seria capaz de ocupar todo o tempo livre da mulher, é nesse mesmo espaço de tempo que entram também as demandas da casa e da família, pois é preciso dar conta das pilhas de roupa acumulada, limpar a casa e fazer compras para manter a despensa abastecida. Entre panelas e vassouras, ainda é preciso encontrar espaço na agenda para levar os pais à consulta médica, participar da reunião dos filhos na escola e chegar ao final do dia sexy, disposta e sorridente.

Dia após dia, essas duas jornadas se estendem e se confundem — uma invadindo o espaço da outra. A carga horária só aumenta e as tarefas se acumulam, deixando a mulher sem tempo para o principal: para si mesma.

Sentindo-se cansada e incapaz de realizar tudo aquilo que acredita ser sua função, é comum que opte por abdicar dos cuidados consigo mesma para fazer pelo outro. Afinal, ela aprendeu desde cedo que ser mulher é estar disposta a se doar em tempo integral.

Todo esse cenário — que faz milhares de mulheres adoecerem todos os dias nos quatro cantos do mundo — resulta da forma injusta como, geração após geração, tantas obrigações foram impostas ao sexo feminino. E resulta principalmente da forma desigual como a mulher foi inserida no mercado de trabalho décadas atrás: para suprir a falta de mão de obra masculina em determinados momentos da história e, principalmente, para complementar a renda familiar. Ou seja, ela não começou a trabalhar para que também pudesse se desenvolver profissionalmente, mas sim para atender às necessidades alheias, enquanto seguia cumprindo com suas obrigações dentro de casa. Assim, a mulher passou a ter autorização para trabalhar fora, mas em nenhum momento os homens de sua família — marido, pai ou irmãos — foram inseridos nas atividades da vida doméstica.

Sem parceria e sem divisão de tarefas, continuou sendo atribuída à mulher a expectativa de que ela cuidasse da casa e sempre estivesse presente para os seus — ainda que trabalhasse tanto quanto eles. E daí nasceu essa tal dupla jornada e a ideia de que ser mulher é ter a obrigação de carregar o mundo nas costas, não importando se esse acúmulo de tarefas possa gerar sofrimento e ansiedade. Quantas de nós já questionou — ou até rejeitou — a própria condição de mulher por não suportar o peso dessa carga?

São muitas as tarefas que, diariamente, enchem a cabeça e a rotina da mulher, e, quando chega o fim do dia, ela está cansada e frustrada, sentindo-se culpada por não conseguir alcançar o status dessa pessoa tão multitarefa quanto irreal que ela acredita ter de aprender a ser. Se você já se sentiu assim, esqueça tudo o que ouviu sobre o "sexto sentido feminino" e sua capacidade superior ao homem de se dedicar a diversas atividades ao mesmo tempo; tudo isso é conversa para justificar esse acúmulo de atribuições que é jogado no colo da mulher o tempo inteiro, sem lhe dar a chance de escolher quais papéis realmente poderia — ou gostaria — de desempenhar na própria vida.

É preciso entender e aceitar que nem todos os dias seremos grandes profissionais ou conseguiremos dedicar nosso tempo àqueles que amamos. E está tudo bem, pois o grande segredo, mulher, é desistir de tentar fazer tudo sozinha e dentro do mesmo espaço de tempo, pois isso é humanamente impossível. Com a ioga, aprendi uma verdade libertadora que sempre trago comigo: "O iogue nunca será o funcionário do mês, pois ele sabe que é essencial fazer uma coisa de cada vez". Todas as vezes que me vejo exagerando na dose, repito essa frase para mim mesma como um mantra, e ela me ajuda a lembrar da importância de voltar minha atenção para um assunto de cada vez.

E se você ainda precisa de mais argumentos para compreender que não é seu papel ser mil e uma utilidades, saiba que, na natureza, ser multitarefa é uma característica intrínseca dos animais selvagens. Como as ameaças são constantes, eles são obrigados a dividir a atenção, simultaneamente, entre as mais diversas atividades, uma vez que qualquer descuido ou distração pode custar sua vida. Nesse cenário, não há outra opção: aquele que desejar sobreviver, nunca pode se entregar inteiramente a uma única atividade, pois precisa estar alerta aos tantos perigos que o cercam.

Observe que, olhando pelo aspecto evolucional, não há mérito algum em ser multitarefa. Afinal, se o que nos diferencia dos animais selvagens é nossa capacidade de raciocinar e de vivenciar o momento presente com atenção profunda, buscar o caminho contrário não seria nada além de um grande retrocesso.

Conte pra mim, mulher: quantas vezes você já se pegou agindo como um animal selvagem, que fragmenta a atenção entre as mais diversas atividades?

Este é o momento ideal para refletir sobre os tantos papéis que você exerce ao longo de um único dia e, da forma mais honesta possível, assumir de quais deles você gostaria de se libertar para se sentir menos pressionada.

O AMOR NOS TEMPOS DA DEUSA

Houve um tempo na História em que a mulher era cultuada pela mesma razão que um dia a faria ser perseguida e domesticada pelo patriarcado: a sua fecundidade.

No período paleolítico, nossos ancestrais ainda não dominavam a agricultura e a domesticação de animais, vivendo como coletores nômades, que dependiam cem por cento da natureza para garantirem a própria subsistência — razão pela qual havia um culto sagrado a ela para que nada lhes faltasse. Como a natureza era fecunda — assim como a mulher, que dava seus frutos em forma de filhos —, o homem acreditava que a origem de tudo e de todos estava no feminino, por isso cultuava a mulher como representante maior dessa natureza da qual sua própria existência dependia. Inúmeros achados arqueológicos ao redor do mundo — entre esculturas e pinturas rupestres de diferentes períodos — comprovam esse culto à Deusa, não havendo nada que indicasse a existência de um Deus masculino.

Naqueles tempos de culto à fecundidade, nossos ancestrais viviam em pé de igualdade, sem que houvesse nenhum tipo de hierarquia entre os sexos nem a cobrança de exclusividade nas relações sexuais. Porém, existe aí um aspecto fundamental para compreendermos essa dinâmica de devoção à natureza feminina: até então, o homem não havia entendido que ele também tinha participação no processo reprodutivo. Acreditava-se que havia uma comunhão entre a mulher e a natureza e que a vida começaria com as florestas, os mares e rios para, então, ser depositada dentro da mulher. A partir do momento que o homem percebeu que a vida era gerada a partir de uma relação sexual entre indivíduos de ambos os sexos — e que não haveria vida sem sua participação nesse processo —, ele passou a ter uma atitude arrogante em relação à mulher. Estavam contados os dias de igualdade e do culto à Deusa.

Se a consciência de que sua subsistência dependia integralmente da natureza fez o homem viver em comunhão com ela e com sua fecundidade durante tanto tempo, a partir do momento que ele passou a cultivar a terra e domesticar os animais, o homem começou a acreditar erroneamente que era maior do que a própria natureza, pois havia conseguido dominá-la por meio da cultura. Agora, que já não precisava mais coletar nem caçar para garantir a própria subsistência, ele deixou de ser nômade para se estabelecer em um único território, e assim nasceram as primeiras cidades e, com elas, o conceito de propriedade privada — algo que nunca havia existido até então —, além da necessidade de criação de normas e leis que pudessem regulamentar a convivência humana e os direitos sobre a propriedade.

Acreditando ter dominado totalmente a fecundidade da terra, dos animais e, consequentemente, da mulher, o homem passou a cultuar a superioridade do masculino em relação ao feminino. Nas décadas e nos séculos que se seguiram, esse comportamento se concretizou com o advento do sistema patriarcal, em que o homem se autodeclarou detentor de privilégios e direitos sobre as mulheres. Com o surgimento da escrita, as primeiras leis do mundo passaram a ser redigidas e, desde o início, já emanava delas o princípio da verticalidade patriarcal: às mulheres era destinado o cumprimento de uma série de deveres — e asseguradas as devidas punições para o não cumprimento de qualquer um deles —, enquanto aos homens livres eram assegurados inúmeros direitos e privilégios dos quais mulher alguma poderia ser portadora.

Com o patriarcado devidamente estabelecido, regulamentado e amparado por lei, a função da mulher tornou-se procriar para dar ao homem herdeiros legítimos a quem ele pudesse transmitir suas propriedades. Ter controle sobre a mulher era ter controle sobre a sua fecundidade e, consequentemente, sobre a legitimidade da descendência, garantindo, assim, que a propriedade privada fosse transmitida para herdeiros legítimos. Herdeiros estes que seriam os filhos homens que nascessem dessa união, visto que, naquele tempo, o patrimônio não pertencia à mulher nem poderia ser herdado ou administrado por ela, o que explica a razão de, historicamente, as mulheres sempre terem sido mais pobres do que os homens. Aliás, a própria palavra "patrimônio" carrega em si essa conotação, já que deriva do vocábulo "pater" (ou "pai", em latim), refletindo a ideia de que o poder sobre os bens estaria concentrado nas mãos do homem.

A mulher passou a ser vista como uma mercadoria extremamente valiosa e se tornou um objeto de desejo, sendo subjugada e aprisionada por sua capacidade de gerar a vida — a mesma razão pela qual fora cultuada durante milênios. Foi nesse contexto que a cultura do rapto e do estupro também começaram a surgir; aliás, naqueles tempos, o estupro marital já era uma prática rotineira nos casamentos, mas passou a ser altamente disseminado durante guerras e conflitos como uma forma de invadir e violar a "propriedade" do outro. Ou seja, não bastava invadir as terras do inimigo, era preciso também destruir, tomar ou violar quaisquer tipos de propriedades que ele detivesse — o que fatalmente incluía as mulheres.

Ao estabelecer que a mulher não tinha domínio sobre o próprio corpo — já que ela deveria estar à disposição do homem para a procriação —, todos os direitos de escolha sobre a própria vida, o próprio corpo e a própria sexualidade foram automaticamente anulados. Essa preocupação com a legitimidade dos herdeiros contribuiu para que, ao longo do tempo, diversas culturas e religiões criassem e defendessem fervorosamente discursos sobre as relações extraconjugais das mulheres despertarem a ira de Deus — retratado como um homem sempre disposto a castigar aquela que andasse fora da linha. Sendo assim, ela deveria ser essa mãe casta, cuja vida se limitaria ao ambiente doméstico. Para sustentar esse discurso, propagou-se a ideia de que a mulher tinha menos desejo sexual do que o homem — o que foi difundido como uma virtude a ser cultivada, mas que nada mais era do que uma forma de fazer a sexualidade feminina permanecer represada pelo casamento, para que a mulher não buscasse vivenciá-la com outros homens, pondo em risco a legitimidade da prole. Enquanto isso, ao homem sempre foi permitido conviver no espaço público como bem quisesse, tendo o direito de exercer sua infidelidade ao máximo.

Esse controle total sobre a sexualidade feminina perduraria até meados da década de 1960, quando a popularização da pílula anticoncepcional deu à mulher — pela primeira vez em milênios — a possibilidade de exercer controle sobre a própria fecundidade e, consequentemente, a chance de vivenciar sua sexualidade de forma livre com quantos parceiros desejasse. Por que, então, existe ainda hoje uma quantidade enorme de mulheres que não vive a própria sexualidade de forma plena? Porque muitas de nós ainda somos escravas dessa castração milenar promovida pela perpetuação das normas patriarcais e seguimos cultivando a falta de apetite sexual como virtude.

Não são poucas as mulheres que chegam ao final de suas vidas sem nunca terem experimentado um único orgasmo e sem conhecer todas as possibilidades que sempre estiveram guardadas nas esquinas do próprio corpo. A visão do pecado ainda está muito associada ao prazer feminino e atrapalha o desenvolvimento sexual de meninas e mulheres de todas as idades. Diversas vezes, ouvi mulheres jovens dizendo que, quando se permitiam viver a própria sexualidade de forma espontânea, logo em seguida sentiam culpa, vergonha ou medo daquilo que haviam experimentado.

Não podemos nos esquecer também de que, após tanto tempo de reinado, o patriarcado não permitiria que a mulher simplesmente se emancipasse e passasse a agir como dona do próprio corpo, da própria vida e sexualidade. Então, enquanto acontecia todo aquele movimento de liberação sexual da década de 1960, outro discurso emergiu com a intenção de enfraquecer a segurança e o domínio da mulher sobre seu corpo e sua sexualidade: a ideia de que o prazer da mulher estaria diretamente associado ao estupro passou a ser difundida.

Observe que, a partir da liberação sexual da mulher, as cenas de estupro começaram a povoar com uma frequência cada vez maior as telas dos cinemas, os palcos dos shows, as narrativas dos livros e as produções da indústria pornográfica — e tudo isso não passa de uma grande armadilha para garantir a manutenção desse sistema em que só existiria lugar para o domínio masculino e a submissão feminina. Ocorre que nós aceitamos essa sugestão e passamos a associar o sexo a um ato violento por natureza — o que não é verdade —, no qual a mulher ocuparia uma posição de inferioridade e subjugação. Com isso, criou-se toda uma cultura — e uma indústria — em que homens e mulheres, voluntariamente, abrem espaço para que a violência física e sexual aconteça de forma consentida dentro das relações, reforçando cada vez mais essa verticalização. E a ideia foi tão bem vendida que há muitas mulheres que se sentem extremamente modernas ao entrar em um *sex shop* e escolher uma algema bonitinha para ser imobilizada em sua própria cama, protagonizando, voluntariamente, cenas de violência e subjugação travestidas de fantasia sexual.

Mas aí eu pergunto: até que ponto é saudável sustentar uma fantasia que só perpetua valores patriarcais contra os quais lutamos tanto e dos quais tentamos nos libertar? São fantasias que reforçam o papel de dominação do masculino sobre o feminino, contribuindo para que a vida sexual de um casal se torne um terreno de subjugação e humilhação, um comportamento que, inevitavelmente, também acaba se estendendo para a convivência fora da cama. Com isso, não estou dizendo que devemos ser contra as fantasias sexuais, mas, sim, que existe um grande perigo em continuar perpetuando práticas e pensamentos que reforcem a ideia de que a mulher gosta de ser violentada. Assim, estamos compactuando com essa crença cuidadosamente construída e amplamente difundida em nossa cultura popular de que a mulher não é dona do próprio corpo nem do próprio prazer e que ela pode, a qualquer momento, ser invadida ou violada pelo homem — seja ele quem for.

Se você achou essa ideia absurda, proponho-lhe que observe a frequência com que cenas de estupro aparecem nas novelas, séries e nos filmes a que assistimos. A presença constante delas em nossas vidas banalizou a ideia do estupro de tal maneira que um ato extremamente criminoso, que deveria ser visto por nós com repulsa, se tornou apenas mais uma cena comum a que assistimos no cinema enquanto esvaziamos um balde de pipoca.

Conte pra mim, mulher: quais sensações você experimenta ao pensar que, durante tanto tempo, fomos dominadas e aprisionadas por conta da nossa fecundidade?

Este é o momento ideal para refletir sobre sua relação com esses eventos históricos tão distantes do nosso tempo, mas que ainda hoje influenciam nossas vidas.

PARA QUEM VOCÊ VESTE AS SUAS CALCINHAS?

Não podemos dizer que somos "totalmente livres e independentes" enquanto seguirmos escolhendo nossas calcinhas com a única intenção de agradar o outro.

Quando eu era criança, nós morávamos em um condomínio de prédios baixinhos que, apesar de localizado em um bairro pobre, era um lugar muito bonito. O terreno era grande, e entre cada prédio havia uma pracinha com um jardim bem cuidado, árvores frutíferas e bancos de madeira pintados de branco, em que os vizinhos se reuniam para conversar — e fofocar muito, é claro. Na pracinha do nosso prédio havia um salgueiro-chorão enorme, e foram muitas as tardes em que passei debaixo dele, abraçada por suas raízes, sonhando com as tantas coisas que o futuro estava reservando para a menina inquieta e sonhadora que sempre fui.

No prédio em frente vivia a tia Áurea, uma senhora apaixonada por Elvis Presley e que dividia apartamento com Kate, uma gata siamesa bastante ciumenta. Ela era aposentada e, para se distrair e ganhar um dinheirinho extra, passava roupa para os vizinhos. Durante anos, tia Áurea nos visitou semanalmente para passar nossas roupas e tomar um cafezinho lá em casa. Por conta dessa convivência constante, ela, inevitavelmente, acabou se tornando parte da família.

Nascida em Barretos, ela era uma mulher independente, que saiu do interior ainda jovem para trabalhar na cidade grande e, nessa busca, acabou não se interessando pela ideia de se casar ou ter filhos. Como sua família era grande, tia Áurea tinha vários sobrinhos — além de todos os outros que ela "adotou", incluindo meu irmão e eu —, então ir à casa dela era uma verdadeira festa: ela nos deixava ver televisão na salinha, onde havia sempre um pote enorme de balas e, às vezes, tinha também um bolo gelado de coco, que era uma das coisas mais gostosas daquele tempo. Ela era carinhosa, mandava flores no meu aniversário e, durante anos, esteve muito mais presente em nossas vidas do que nossa própria família de sangue.

De todos os moradores dos mais de cem apartamentos daquele condomínio, as mulheres solteiras ou divorciadas eram os alvos preferidos dos fofoqueiros de plantão. Fosse porque recebiam seus namorados em casa ou porque não recebiam ninguém, elas eram sempre o tema daquelas rodinhas de aposentados desocupados que se reuniam todas as tardes. E é claro que tia Áurea era um desses alvos, principalmente por nunca ser vista com nenhum homem, já que ninguém — além de algumas crianças do condomínio e seus familiares — frequentava sua casa. Diziam que ela era o tipo de mulher que ninguém iria querer por ser "geniosa demais" ou dotada de "personalidade demais" e que nenhum homem suportaria conviver com ela.

O que sempre me chamava a atenção naqueles comentários era o fato de que ninguém nunca levantava a hipótese de que a opção de ficar solteira poderia ter partido dela; tia Áurea era sempre taxada de mulher rejeitada. Infelizmente, esse discurso não ficou no passado e, ainda hoje, é comum ouvir pessoas falarem da mulher como se ela fosse uma mercadoria na vitrine, que, se ficou sozinha, foi por não ser suficientemente boa para ser escolhida por alguém. Nesse tipo de discurso, fala-se da mulher com desmerecimento, posicionando-a como alguém que não tem liberdade para escolher, devendo ser escolhida para comprovar seu valor.

Como eu era uma criança que também ouvia com frequência que tinha "personalidade demais" e que, se não mudasse, "ninguém ia querer se casar comigo", confesso que me identificava bastante com ela e não via nada de anormal na vida de tia Áurea. Pelo contrário: ela me parecia uma pessoa feliz, e eu gostava da ideia de que o casamento não precisava ser uma obrigação para mim também. Além disso, me encantava pensar que uma mulher poderia ter uma casa somente sua — ou melhor, "um teto todo seu", como diria Virginia Woolf.

Mas, voltando ao motivo inicial dessa conversa, quem passa nossas roupas conhece nossa intimidade como ninguém. Quando criança, tive uma coleção de calcinhas coloridas que eu adorava e, quando entrei na adolescência, elas já estavam um tanto frouxas, velhas e desgastadas, mas eu continuava vestindo-as para dormir. Toda semana, tia Áurea ficava indignada de ainda encontrar aquelas calcinhas nas pilhas de roupa para passar, até o dia em que resolveu me dar um sermão sobre a importância de uma "mocinha" não usar calcinhas velhas: "Vai que você passa mal durante a noite, e o resgate precisa te buscar pra levar pro hospital... como vai chegar lá usando calcinha velha pra todo mundo ver? O que vão pensar de você?".

Lembro que morri de rir com aquela preocupação de tia Áurea, afinal, se eu estivesse me sentindo mal, a última coisa com que me preocuparia seria o aspecto da minha calcinha. Mas aquela preocupação tão genuína — e que fazia muito sentido para alguém que vinha de uma geração que, inclusive, ia pouco ao ginecologista por vergonha da própria nudez e sexualidade — me fez tirar dali duas reflexões: a primeira foi sobre o quanto a mulher, frequentemente, se preocupa mais em estar bonita ou arrumada do que com a própria saúde; e a segunda foi sobre a relação que a mulher tem com as próprias calcinhas — e, principalmente, com a ausência delas. E é sobre isso que quero muito conversar: você já se perguntou para quem veste suas calcinhas?

Você pode — assim como eu naquele momento — rir da preocupação de tia Áurea, mas lhe pergunto: quantas vezes vestimos uma calcinha lindamente desconfortável só para agradar alguém? Por que continuamos agindo como se tivéssemos a obrigação de estar sempre prontas e preparadas para o sexo, como se fôssemos um pacote que, ao ser desembrulhado, precisa estar lindo — seja para agradar um amor ou para não fazer feio na frente de médicos e enfermeiros em caso de emergência, como temia a tia Áurea?

Passamos a vida nos enxergando através dos olhos do outro, até mesmo na intimidade de nossas calcinhas. Conheço muitas mulheres que detestam calcinha de renda ou fio-dental, mas as usam com medo de que o marido ou a esposa deixe de sentir atração caso encontre, ao descer o zíper, uma calcinha mais confortável e menos bonita. Se você pensa — ou já pensou dessa forma algum dia —, preste atenção numa novidade que lhe vou contar: quando sentimos atração por alguém, a pessoa pode estar vestindo renda, moletom ou estar completamente despida que o sentimento será o mesmo. Agora, quando não há atração... não existe tecido capaz de fazer milagre.

Portanto, se alguém disser que já não sente mais atração por você e que a culpa é das suas calcinhas, saiba que isso não passa de uma bela desculpa dada por alguém que não tem coragem suficiente para expressar os próprios sentimentos com clareza e transparência. Muitas pessoas, quando estão querendo romper um relacionamento, começam a lançar mão de desculpas absurdas para não ter de admitir que o sentimento simplesmente se esgotou ou se transformou — o que pode acontecer com todos nós. Se você já passou por uma situação similar — ou caso venha a passar —, não se culpe ao perceber a mudança do sentimento que o outro cultiva em relação a você, afinal, encarar a impermanência da vida é também reconhecer que nem sempre um relacionamento que hoje está sendo bom será assim para sempre. Ao mesmo tempo, quando perceber que já não sente atração pela pessoa que está ao seu lado, também procure agir com sinceridade e não lance mão de desculpas rasas somente para evitar conversas difíceis.

Sabendo que um médico não deixará de salvar sua vida e que nenhum amor acabará só porque sua calcinha está velhinha ou tem um furinho, eu a convido para, a partir de hoje, se desafiar a escolher suas calcinhas pensando em si mesma, sem se preocupar se alguém irá gostar delas ou não. E, seja qual for sua escolha — um conjuntinho colorido e macio de algodão ou uma lingerie de renda mais elaborada —, não a guarde para usar com alguém: vista suas lingeries para si mesma, para sentir-se bem com a visão que terá ao se olhar no espelho, para sentir-se confortável e confiante no seu dia a dia. Afinal, é você quem tem que se sentir à vontade com suas calcinhas — e até mesmo com a ausência delas. E, por falar nisso, não tem nada mais libertador do que estar bem com o próprio corpo e deixá-lo livre, sem calcinhas e sutiãs modelando e apertando cada centímetro da nossa carne. Você já experimentou?

Conte pra mim, mulher: qual é a relação que você tem com suas calcinhas?

Este é o momento ideal para refletir sobre o quanto você tem se preocupado em agradar a si mesma ou se tem vivido exclusivamente para agradar e atender às expectativas do outro — seja através de suas calcinhas ou das outras tantas escolhas que você tem feito no seu dia a dia.

____

____

TODAS NÓS SOMOS FILHAS, MAS NEM TODAS SEREMOS MÃES

Se ninguém é obrigado a se tornar maratonista só porque nasceu com duas pernas, por que seguimos acreditando que nascer com um útero faria da maternidade uma obrigação para todas nós?

Na mitologia grega, antes de ser mãe do famoso Narciso — aquele que, como diria Caetano, "acha feio o que não é espelho"[2] —, Liríope era uma ninfa independente que amava sua liberdade acima de tudo. Ela tinha um caso com Céfiso — deus dos lagos e rios —, mas, como o casamento não estava nos seus planos, Liríope não tinha a intenção de fazer daquela relação nada além do que chamamos hoje de uma "amizade colorida". Desse caso, contudo, acabou acontecendo uma gravidez indesejada, que veio acompanhada de lamento e tristeza, pois, para a ninfa que tanto cultuava a independência e a liberdade de ir e vir, ser mãe era sinônimo de levar uma vida aprisionada ao filho.

Quando Narciso nasceu, impressionou e encantou os pais com sua beleza. Passado aquele primeiro momento de euforia da paternidade, a vida de Céfiso seguiu seu curso normal, enquanto coube a Liríope o papel de criar o filho sozinha (essa história lhe soa familiar?). Como a frustração que sentimos por ter que abandonar uma vida da qual gostamos para assumir a responsabilidade pela maternidade indesejada é quase sempre transferida para a família, manifestando-se através dos excessos, da rejeição ou até mesmo da frequente expressão de uma insatisfação pessoal, a ninfa acabou sufocando o filho com seus excessos — praticados em busca de compensação para a própria frustração —, o que acabou fazendo dele alguém incapaz de se relacionar com outras pessoas.

A história da ninfa nos convida a trazer para nossa discussão este assunto ainda tão delicado e que ocupa os pensamentos e as preocupações de tantas mulheres: da mesma forma que a maternidade pode ser um grande

---

2 SAMPA. Intérprete: Caetano Veloso. Compositor: Caetano Veloso. *In*: MUITO – Dentro da Estrela Azulada. Intérprete: Caetano Veloso. [*S.l.*]: 1978.

presente para quem a deseja, ela também pode ser o maior dos pesadelos — e o mais pesado de todos os fardos — para quem não deseja ter filhos. Apesar dos milhares de anos que nos separam do mito de Narciso e sua mãe, esse é o tipo de assunto sobre o qual a mulher ainda fala baixinho, pois, todas as vezes que o tema entra em pauta, o que não faltam são pessoas — amigos, familiares ou companheiros — com pedras nas mãos, prontas para atirar naquela que tem a coragem de assumir que não se identifica com o papel de mãe — tenha ela filhos ou não. Afinal, que tipo de mulher é essa que não deseja ser mãe?

Desde a instituição do patriarcado, os únicos papéis reservados à mulher eram os de esposa e mãe. Pensando bem, o único papel possível era de mãe mesmo, porque se esperava que, como esposa, filha e irmã, essa mulher também agisse como uma cuidadora. Portanto, podemos dizer que o universo feminino se resumia à maternidade em tempo integral.

Com o advento da pílula anticoncepcional na década de 1960, a mulher, pela primeira vez, passou a ter controle sobre sua fertilidade, podendo escolher se optaria pela maternidade ou não e, com isso, veio também a chance de questionar se gostaria de continuar a exercer esse papel de mãe e cuidadora em suas relações familiares e amorosas. Mas é claro que essa rejeição ao papel materno despertou uma resposta à altura por parte dessa sociedade patriarcal, que desejava mantê-la aprisionada no ambiente doméstico e submissa ao marido, passando a disseminar a ideia de que não querer ser mãe seria recusar automaticamente sua condição de mulher. E essa "semente" foi tão bem plantada que até hoje muitas pessoas ainda acreditam que é impossível ser uma mulher completa sem ter vivenciado a experiência da maternidade.

Há alguns anos, descobri em um exame de rotina a presença de células oncóticas no meu útero. Num primeiro momento, quando ainda estava fazendo exames para determinar a gravidade do caso — e ainda em busca de um médico que pudesse me acompanhar nesse processo —, tive a infelicidade de me consultar com um ginecologista que logo me advertiu que, caso os exames mostrassem a necessidade de remoção do útero, ele somente faria a operação se eu concordasse em engravidar imediatamente, pois aí ele aproveitaria a cesárea para fazer a histerectomia. Em momento algum, o médico me perguntou se eu gostaria de ser mãe; ele apenas impôs que eu deveria ser mãe.

Quando respondi que, ao dizer isso, ele estava pensando mais na minha obrigação de ser mãe do que no meu bem-estar — colocando um bebê acima da minha saúde —, o médico me respondeu que, se eu tirasse o útero sem ter sido mãe, não estaria completa como mulher. Não bastasse o estresse que aquela situação toda já estava me causando, ouvir do ginecologista que meu útero valia mais do que minha própria vida foi uma violência indescritível. Por sorte, os exames seguintes revelaram que o quadro ainda estava no estágio de pré-câncer, então, para me curar, precisei fazer uma cirurgia mais simples e menos invasiva do que uma histerectomia. Mas nem preciso dizer que nunca mais pisei no consultório daquele médico, né? Depois disso, tive de passar por mais algumas consultas até encontrar a equipe que me operaria, e, logo na primeira consulta no ambulatório do hospital, ao compartilhar a coleção de absurdos que ouvi dos especialistas com quem havia me consultado, a médica chorou comigo.

Até quando seremos alvo desse tipo de discurso? Enquanto não tivermos coragem de falar mais alto sobre isso — e de assumir que nem todas as mulheres nasceram para ser mães —, esse tipo de comportamento encontrará espaço para se manifestar. Enquanto silenciarmos, esses pensamentos se perpetuarão. Precisamos falar sobre isso em voz alta e parar de condenar as mulheres que não tiveram na maternidade o melhor acontecimento de suas vidas, entendendo que nem toda mulher se identifica com esse papel — e está tudo bem não desejar ou não se identificar com a maternidade.

Tenho uma amiga que, após ter passado anos em um longo e doloroso tratamento para engravidar, ela me confessou, quando todas as tentativas se esgotaram sem sucesso, que estava aliviada, pois nunca tinha desejado ser mãe; ela havia se submetido a todo aquele tratamento simplesmente porque temia ser abandonada pelo marido caso assumisse que a maternidade não era um sonho seu. E se você acha que isso é incomum, confesso que já conheci muitas mulheres saudáveis que inventaram algum tipo de doença ou problema de saúde que justificasse uma esterilidade fictícia, a fim de evitar julgamentos ou rejeições que poderiam acontecer, caso assumissem que a maternidade não era um plano nas suas vidas.

Ao mesmo tempo que tenho amigas muito realizadas com seu papel de mãe, outras não se recuperaram até hoje da frustração de terem vivenciado uma gravidez indesejada. Outras tantas — casadas ou divorciadas — lidam diariamente com o peso da solidão e da falta de auxílio nos cuidados com o filho. Infelizmente, ainda temos uma cultura em que, frequentemente, se espera que, com o nascimento de uma criança, a mãe abdique imediatamente de seus sonhos e projetos para atender às necessidades do bebê recém-chegado. Enquanto isso, para o pai, a vida continua fluindo naturalmente sem que haja uma grande mudança na sua rotina. Mesmo após tantos direitos e espaços conquistados, quando o assunto é maternidade, ainda se cobra pouco do homem e muito da mulher.

Observo que, em muitas uniões homoafetivas — devido à ausência da barreira hierárquica que emana das construções de gênero limitadas ao sexo biológico —, o compartilhamento das obrigações e a distribuição igualitária de funções acabam acontecendo com muito mais naturalidade, fazendo ambos dividirem de forma justa os cuidados com a casa e com os filhos. Assim, as obrigações se tornam mais leves, e cada um encontra o espaço necessário para seguir desenvolvendo-se como ser humano e profissional, conciliando, assim, suas vidas e carreiras com a rotina familiar.

Felizmente, já existem muitos homens e muitas mulheres dispostos a revisitar e repensar crenças e papéis de gênero aos quais foram condicionados. Essas reflexões nos levarão a dissolver cada vez mais as barreiras entre as funções que um dia foram exclusivas para homens ou mulheres. Neste dia, a convivência pautada pelo compartilhamento igualitário — independentemente do sexo biológico de cada um — será, finalmente, uma realidade. Mas, enquanto esse dia não chega, ainda teremos que conviver com o fato de que um pai trocar fralda ou dar mamadeira para o próprio filho seja um acontecimento digno de estampar capa de revista.

Só com uma divisão justa de tarefas entre homens e mulheres, ser mãe poderá deixar de ser a experiência exaustiva e aprisionante que acaba sendo para muitas. Assim, a maternidade se tornará uma experiência mais livre, rica e leve, em que mães não precisarão mais se esforçar para compensar a ausência de pais, e as crianças poderão também experenciar um sentimento diferente daquele vivido por muitos ainda hoje: a frustração de ser órfão de pai vivo.

Conte pra mim, mulher: qual é a relação que você tem com a ideia da maternidade?

Independentemente de ter filhos, este é o momento ideal para refletir sobre o quanto essa cobrança para que a mulher exerça a maternidade afetou sua vida e de suas ancestrais. Como você enxerga a relação que sua mãe, suas tias e avós tiveram com a maternidade?

VOCÊ NÃO VAI ENCONTRAR SUA "METADE DA LARANJA[3]"

A música é bonitinha, a gente canta junto quando toca, mas vai me desculpar: eu não engulo essa história da "metade da laranja".

3 ALMA gêmea. Intérprete: Peninha. Compositor: Peninha.

Crescemos ouvindo que, em algum lugar, existe alguém esperando por nós: essa pessoa seria nossa alma gêmea, nossa metade perdida em algum momento da história do mundo. A vida seria uma eterna busca, e, somente ao encontrar nossa metade, experimentaríamos a felicidade plena. E como não faltam lendas emocionantes e histórias bem contadas para sustentar essa ideia de que somos incompletos por natureza, continuamos vagando entre aplicativos e encontros às cegas — organizados por aqueles amigos metidos a casamenteiros que todo mundo tem —, em busca dessa pessoa que virá nos completar e dar sentido às nossas vidas incompletas.

Se eu quisesse parar por aqui agora mesmo, poderia encurtar nossa conversa lhe dizendo que essa busca pela outra metade não vai dar em nada — aliás, acho que já disse isso no título —, mas prefiro percorrer um caminho mais interessante para que tenhamos tempo para pensar um pouco mais sobre essa história da Carochinha, que, de tanto ser repetida com convicção, acabou se tornando uma grande "verdade universal" — mesmo que não haja fundamento algum que justifique sua permanência em nossas vidas. Afinal, é essa ideia fantasiosa a responsável por sustentar as bases do amor romântico, que nos impede de encontrar a felicidade que nos espera na vivência do amor real.

Se durante séculos as pessoas se casaram por motivos de conveniência econômica — já que a união entre membros da aristocracia ampliava territórios e fortunas — ou social — considerando que, para existir socialmente, a mulher precisava ter um marido para chamar de seu —, vamos combinar que, na maior parte do tempo, nem havia espaço para que um sentimento tão nobre como o amor pudesse acontecer. Nesse contexto, como era fundamental para ambas as famílias garantir que fossem feitas as escolhas mais convenientes, os familiares foram, durante séculos, os responsáveis por escolher os melhores "partidos" para seus descendentes, que, muitas vezes, só conheciam seus futuros companheiros no dia do casamento (casar-se com um conhecido já não é algo simples, imagine só o que aguarda uma pessoa que está fadada a se casar com um desconhecido? Infelizmente, essa ainda é uma realidade para muitas mulheres e meninas ao redor do mundo).

Uma vez que as propriedades privadas e as grandes fortunas começaram a se fragmentar — enquanto as mulheres também caminhavam em direção ao próprio processo de emancipação —, esse tipo de união foi, pouco a pouco, perdendo o sentido em diversas partes do mundo. Mas, como o tempo da História corre numa velocidade muito mais lenta do que gostaríamos, ainda levaria alguns séculos para que homens e mulheres tivessem autonomia para escolher seus parceiros por conta própria. Enquanto aguardavam esse dia chegar, as pessoas passaram a idealizar encontros inesperados e o despertar de sentimentos arrebatadores como o amor e a paixão, o que era algo completamente diferente daquele tipo de união ao qual estariam destinadas. Como eram relações que não poderiam ser vividas no campo da realidade, elas encontraram um terreno fértil no campo da imaginação, da fantasia e da idealização — e é aí que entra em cena o amor romântico.

O amor romântico é uma idealização, que funciona como válvula de escape para compensar nossa falta de controle sobre a realidade; nela, criamos uma história fictícia sobre a qual temos total domínio e podemos atuar como roteiristas e protagonistas. Nesse cenário, as pessoas são exatamente quem gostaríamos que elas fossem e tudo é perfeito — ao contrário do mundo real, em que a perfeição não existe e não temos controle sobre os acontecimentos externos nem sobre a forma como o outro age. Inspiração dos poetas e razão pela qual sonhadoras e sonhadores suspiraram ao longo dos séculos, o amor romântico é essencialmente egoísta: nele, esperamos que o outro esteja sempre à disposição para atender às nossas demandas e expectativas, preenchendo, assim, os espaços vazios e compensando as frustrações que guardamos dentro de nós. Nesse tipo de amor, não há espaço para amar o outro por ele ser quem é; ama-se a ideia que se faz daquela pessoa com base exclusivamente em nossos desejos e em nossas necessidades não satisfeitas.

Essa talvez seja a razão pela qual continuamos nos casando com pessoas completamente incompatíveis, acreditando que faremos o outro mudar "por amor". O amor romântico é infantil, egoísta e chantagista, pois exige que, para ser amado, o outro se transforme no personagem idealizado. Ele também cria uma fantasia de que, para ser amor, é preciso que o outro seja totalmente compatível, não havendo espaço para divergências. E, quando elas acontecem, acreditamos que há algo errado com aquela relação, que aquela pessoa não é a "metade" que estávamos buscando, pois aprendemos que o amor verdadeiro é um eterno "felizes para sempre", afinal, é assim que terminam os contos de fada, não? É claro, porque, se a história continuasse após esse anúncio, ficaria evidente que o "felizes para sempre" não é nada além de uma grande falácia.

A busca pela "metade da laranja" — sustentada pela máxima de que "os opostos se atraem" — nos faz procurar pessoas opostas para nos sentirmos completos, pois buscamos no outro aquelas características que gostaríamos de ter em vez de desenvolvê-las em nós mesmos. Então, no lugar de a pessoa se dedicar a aprender idiomas — porque deseja ou precisa para desenvolver-se profissionalmente —, ela se relaciona com um poliglota, por exemplo. Mas não precisa ser nenhum gênio para perceber que a admiração inicial pode, na convivência diária, acabar se tornando algo insuportável e frustrante. Quando aquela presença se torna um lembrete de que alguém tem aquilo que falta em você, o que era admiração pode, rapidamente, se tornar um grande espelho da própria frustração. E, quando isso acontece, é comum que a pessoa comece a sabotar ou desmerecer as habilidades, conquistas e realizações do outro simplesmente por invejá-las.

Sim, é isso mesmo: por invejá-las. É claro que, falando dessa forma, pode parecer algo maquiavélico demais para ser verdade, mas olhe ao seu redor e observe quantas vezes você já viu essa história se repetir. Quando as realizações do outro são capazes de abrir as feridas de nossas frustrações, corremos o risco de começar a detestar alguém pelos mesmos motivos que um dia nos fizeram amar e admirar aquela pessoa. Por mais que o oposto seja chamativo, com o tempo ele acaba se tornando frustrante e cansativo. Quanto mais afinidades compartilhadas, maiores serão as chances de que a rotina transcorra de maneira leve, equilibrada e tranquila. Se, por um lado, relacionar-se com o oposto é como passar uma vida inteira dividindo os seus dias com um estrangeiro que fala outra língua e caminha na direção oposta, conviver com alguém com quem se compartilha afinidades é ter a chance de falar a mesma língua, entendendo e sendo entendido, percorrendo caminhos paralelos e andando de mãos dadas pela estrada dos nossos dias.

Mas entra ano, sai ano, e o amor romântico continua presente nas telas, nos rádios e nos livros, alimentando a ideia desse amor que até hoje ninguém encontrou. Ele é uma dessas fantasias que nutrimos por dificuldade de lidar com as complexas contradições do mundo real, pois permitir-se vivenciar o amor real é entrar em uma relação com a consciência de que nem todos os dias juntos serão belos; é ter a certeza de que, em alguns momentos, decepcionaremos e em outros seremos decepcionados; é lidar com a falta de garantias com a qual passamos a conviver a partir do momento em que compreendemos que ninguém é dono de ninguém. Ao mesmo tempo, vivenciar o amor real é ter a oportunidade de amar e ser amado por sermos exatamente quem somos e não por quem poderíamos ser.

Finalmente, eu garanto que você não vai encontrar sua metade da laranja. Pelo menos não do lado de fora: ela está aí, dentro de você. Em vez de buscar no outro as coisas que gostaria de ser, tente desenvolvê-las em si mesma para sentir-se cada vez mais plena e realizada. Quando compreendemos que todos nós somos seres completos — e não metades —, percebemos que é possível ser e realizar tudo aquilo com que sonhamos sem depender do outro e, a partir de então, paramos de buscar relacionamentos amorosos ou amizades simplesmente para preencher nossos vazios. Quanto mais nos conhecemos — entendendo que não somos perfeitos, aceitando e acolhendo na mesma medida nossos aspectos positivos e negativos —, mais plenos e felizes nos sentimos. E, a partir do momento em que a autoaceitação se torna uma realidade em nossa vida, automaticamente, passamos a aceitar o outro como ele é. Ao abandonar o mundo das idealizações e fantasias, a vida real começa pra valer — e ela pode ser muito mais bela do que aquela que nossa imaginação um dia idealizou.

Conte pra mim, mulher: o quanto as idealizações do amor romântico influenciaram sua vida e seus relacionamentos?

Este é o momento ideal para refletir sobre suas crenças em relação ao amor. Você já viveu um amor real ou ainda está em busca do amor idealizado?

QUANDO UMA CRESCE, TODAS CRESCEM JUNTAS

Seja tudo o que você quiser, só não seja aquela mulher que vive sabotando e castrando os sonhos da outra na tentativa de compensar seus medos e suas inseguranças.

Quando criança, eu tinha uma admiração indescritível por uma tia-avó que era uma mulher extremamente forte e independente. Com mais de setenta anos, ela pegava ônibus e aviões — sozinha e sem pedir a bênção de ninguém — e vinha nos visitar pelo menos duas vezes por ano, assim como também visitava outros parentes pelo Brasil. Lembro-me de que ela preservava seu espaço e suas vontades com uma devoção quase sagrada.

Conversávamos muito durante as semanas que ela passava em nossa casa, e, quando minha tia-avó contava histórias de sua infância e juventude, eu via nela um personagem quase épico, sabe como é? Ela foi uma mulher que começou a trabalhar muito cedo — trabalhou em farmácia, foi telefonista e, por fim, se tornou uma doceira fantástica — e, como passou parte de sua vida no Nordeste, também fazia bordados maravilhosos. Foi com ela que aprendi a bordar e a preparar alguns dos pratos mais gostosos que você pode imaginar. Na década de 1950, apaixonou-se por um homem e, sem se casar com ele, viveu um romance do qual nasceu seu primeiro filho, em uma época na qual ser mãe solteira era um verdadeiro escândalo. Ela só se casaria com outro homem anos depois e, mesmo casada, nunca deixou de trabalhar, pois era aquele tipo de mulher que não abdicava de sua independência por nada. As histórias dela definitivamente me inspiravam a ser a mulher que eu queria me tornar.

O tempo passou, e realmente me tornei a mulher independente que um dia sonhei ser: rapidamente, meus projetos me levaram a conhecer e viver em diferentes lugares e, com isso, pude acumular experiências muito interessantes em minhas passagens por cidades tanto no Brasil quanto no exterior. Certa vez, eu tinha uma viagem de trabalho marcada para o Rio de Janeiro, então resolvi aproveitar para retribuir uma das tantas visitas que ela fez para nós ao longo do tempo. Mas, em algum momento daqueles dias que passei em sua casa, entre uma conversa e outra, ela, por alguma razão, acabou dizendo que eu era "independente demais para uma mulher" e que não deveria estar viajando sozinha nem trabalhando fora de casa.

Naquele momento, a imagem que eu tinha dela derreteu como pedra de gelo que encontra um raio de sol. Como era possível alguém que sempre viveu e agiu de uma forma tão livre e independente ter um discurso tão machista? A jovem mulher idealista que eu era ainda não tinha vivido o suficiente para compreender o quanto o machismo é um comportamento sustentado por seres humanos, independentemente de serem eles homens ou mulheres. Hoje, observo o quanto é comum fazermos esse tipo de confusão, pois tendemos a acreditar que o machismo é um comportamento opressivo que emana do homem, quando, na verdade, ele precisa ser sustentado por homens e mulheres para seguir existindo. Naquela época, eu, contudo, ainda não entendia muito bem como mulheres podiam compactuar com esse tipo de discurso, já que ele anda na contramão de nossa liberdade de viver uma vida que transcenda os limites de nossas casas.

Ainda passei mais alguns dias na casa de minha tia-avó, mas, depois daquela conversa, um vínculo importante se rompeu entre nós. Eu não conseguia aceitar que aquela mulher, que havia passado a vida voando livremente, tentasse me convencer a entrar em uma gaiola. E foi assim que uma pergunta fundamental brotou na minha mente: afinal, por que algumas mulheres, em vez de inspirarem outras — principalmente as mais jovens —, insistem em fazer o caminho contrário e "puxam o tapete" de alguém a quem poderiam ter oferecido uma mão amiga?

Com o passar do tempo, eu entenderia a razão desse comportamento: isso acontece porque as mulheres não têm um histórico de colaboração entre si, então, quando alcançam espaços tidos como masculinos, por medo ou insegurança, frequentemente sabotam suas semelhantes. Assim, muitas acabam replicando em suas relações com outras mulheres o mesmo padrão de castração machista do qual também foram alvo um dia.

E por que não temos um histórico de colaboração entre nós? Quem não se une não tem força, e, pensando nisso, o patriarcado se preocupou desde o início em alimentar a rivalidade entre as mulheres com o objetivo de impedi-las de se enxergarem como irmãs, deixando, assim, de exercer a tão necessária "sororidade" da qual tanto ouvimos falar hoje em dia. Quem não se enxerga como igual não se une; e quem não se une não tem forças para se rebelar. Portanto, desde o princípio, o patriarcado se preocupou em afastar as mulheres umas das outras, a fim de impedi-las de se rebelar contra as normas vigentes. E deu muito certo, porque nós caímos direitinho nesse conto, e esse clima de rivalidade segregou as mulheres durante milênios, possibilitando um longo reinado patriarcal.

Se nos voltarmos para a mitologia grega, veremos que a rivalidade entre as mulheres era um tema frequente na vida das deusas do Olimpo, que disputavam umas com as outras no campo do amor e da beleza. Uma rivalidade que atravessou as barreiras do tempo e permaneceu viva nos bailes de debutante e concursos de beleza, em que é preciso mostrar ser mais do que a outra para conquistar espaço, título ou marido. O culto à beleza — e a rivalidade que ele é capaz de gerar — se tornou o principal aliado da cultura patriarcal, pois, nessa busca incessante, muitas mulheres se esquecem de reivindicar seu espaço na sociedade, mantendo-se alienadas e afastadas dos assuntos da vida pública.

Se o espírito de fraternidade e colaboração sempre esteve presente nas relações entre os homens, para as mulheres, essa parceria em forma de sororidade ainda é uma descoberta relativamente recente. Muitas ainda enxergam possíveis inimigas nas outras e, ao conquistarem determinados espaços e posições, acreditam que é preciso reinar sozinhas e absolutas para se manterem na posição alcançada. Com isso, muitas se cercam de homens e barram a presença de outras mulheres para não correrem o risco de serem substituídas por "outra". Aliás, essa "outra" é um fantasma que ronda não só a vida profissional, mas também a vida familiar e afetiva. Basta observar ao nosso redor a quantidade de mães com medo de serem trocadas pelas noras ou esposas com medo de serem trocadas por possíveis amantes, por exemplo.

Enquanto existir rivalidade, a culpa sempre recairá sobre os ombros da mulher, ao passo que, normalmente, o homem é poupado de arcar com as consequências dos próprios atos. Quer ver? Quando culpamos a amante do marido pela traição que levou ao fim de um casamento ou a segunda esposa do pai por ter sido responsável pelo abandono do lar, culpamos ou punimos uma única pessoa por algo que só aconteceu porque duas pessoas agiram em conjunto. Assim, o homem muitas vezes sai ileso, sem arcar com a responsabilidade sobre o ato que levou ao fim daquela relação. Essa sede de culpar exclusivamente a mulher me parece um tanto machista, não?

Essa rivalidade contribui para que nos sintamos isoladas em um pedestal, em que vivemos sozinhas acreditando que não devemos contar com a colaboração de outras mulheres — pois elas poderiam tentar tomar nosso espaço (você já ouviu alguém dizer que não compartilha problemas conjugais com amigas, porque estas, sabendo dos seus problemas, tentariam "roubar" seus maridos?) — nem contar com os homens, já que muitas ainda acreditam naquele mito de que é impossível haver amizade ou parceria entre homens e mulheres e que qualquer ato será cobrado posteriormente com algum tipo de favor sexual. Infelizmente, nós ainda temos uma visão muito erotizada das relações entre homens e mulheres, como se elas estivessem obrigatoriamente pautadas na expectativa de uma possível troca de favores sexuais — e sobre esse tema nós teríamos assunto para fazer um chá e passar a tarde inteira conversando, mas voltemos à questão da rivalidade feminina.

Ao longo do tempo em que venho trabalhando com grupos de mulheres, pude observar que, frequentemente, palestrantes do sexo feminino são recebidas pela plateia com certa hostilidade. Não foram poucas as vezes em que, ao término de minhas palestras e vivências, alguma confessaram um tanto desconcertadas que, num primeiro momento, não haviam simpatizado comigo ou até chegaram a pensar coisas do tipo "quem ela pensa que é para vir aqui dar pitaco em nossas vidas?", a fim de desqualificar meu trabalho ou reduzir a relevância daquilo que eu estava dizendo. Mas é claro que esse comportamento também tem um fundamento: faz pouco tempo que a mulher ganhou voz para ser palestrante, líder ou pastora, por exemplo. Então, neste caso, a questão da rivalidade ainda é reforçada por nossa falta de hábito em ver alguém do sexo feminino ter voz e algo relevante para compartilhar. Afinal, durante muito tempo os papéis foram bem definidos: ele falava e a mulher calava.

Como esse clima hostil em relação à facilitadora ou palestrante inviabiliza o desenvolvimento do trabalho, encontrei uma solução um tanto peculiar para esses casos: quando me deparo com um grupo mais hostil e fechado, inicio meu trabalho pedindo a essas mulheres que compartilhem comigo o que estão pensando sobre mim e as deixo à vontade para me julgarem a partir de minha imagem ou do meu currículo — já que frequentemente ele é compartilhado pelo contratante antes do evento. E é a partir desse prejulgamento que começo minha fala, compartilhando alguns desafios vividos ao longo de minha trajetória pessoal e profissional. Esse é um momento fundamental, pois nos conecta e comprova que a imagem externa e os dados do currículo nunca mostram quem realmente somos. Muitas pessoas tendem a acreditar que, por eu trabalhar com artistas e ter uma carreira interessante, só cheguei aonde estou por ter tido uma vida de privilégios — o que não é verdade, pois colecionei percalços para me tornar quem sou.

Acredito que nossas cicatrizes mais profundas nem sempre são visíveis: na maior parte do tempo, elas estão guardadas nos cantos escondidos de nossas almas. Quando desqualificamos o conhecimento, a sabedoria ou a capacidade de uma pessoa a partir do nosso julgamento e da nossa visão superficial e equivocada sobre ela, perdemos uma grande oportunidade de trocar experiências com alguém que poderia nos inspirar a buscar nossa melhor versão. Essa é a razão pela qual sigo me utilizando desse exercício quando necessário, pois ele é um convite para que as mulheres busquem desenvolver esse olhar mais justo e real para com as outras, deixando de lado aquela imagem equivocada que a rivalidade costuma impor.

Trabalho para que possamos ser cada dia mais gentis e generosas com outras mulheres — sejam elas amigas, familiares ou colegas de trabalho. Estamos tão acostumadas a nos receber com pedras nas mãos — projetando e descontando o peso de nossas frustrações em mulheres inocentes — que acabamos nos esquecendo que é só através do afeto profundo que criamos vínculos fundamentais, capazes de nos conduzir ao desenvolvimento individual e coletivo. Afinal, se estamos de mãos dadas, quando uma cresce, todas crescem juntas.

Conte pra mim, mulher: pensando nessa questão da rivalidade, você já teve medo de que outra mulher roubasse seu espaço? Já teve alguma relação prejudicada por isso?

Este é o momento ideal para refletir sobre a forma como você tem conduzido sua convivência com outras mulheres. Existe algum tipo de rivalidade nessas relações?

É CLARO QUE ANTIGAMENTE OS CASAMENTOS DURAVAM MAIS

Vamos parar de cultuar esse saudosismo de uma época em que casamento falido era obrigação para a vida inteira.

Era janeiro, e nós estávamos passando férias com uma tia-avó no Nordeste. Ela vivia em uma casa colonial bonita que até hoje me faz sorrir só de lembrar: os quartos eram espaçosos e do telhado sem forro desciam dosséis que abraçavam as camas como enormes casulos. A cozinha era pequena, mas dava para um pátio onde havia uma mesa suficientemente grande para reunir boa parte da extensa família que ela formou. Havia algo de muito poético naquele lugar, onde o tempo inteiro chegavam pessoas que se apresentavam como sendo meus primos — e foram tantos que até perdi as contas.

Eu tinha acabado de completar dezoito anos e logo mais começaria meu segundo ano na faculdade de moda. Uma amiga em comum havia me apresentado para um colega do curso de Educação Física, e estávamos namorando fazia algumas semanas. A tia achava graça em ver meus malabarismos para tentar encaixar tudo aquilo que queria dizer para ele no limitado espaço de um SMS ou outro que mandava, pois ligações e SMS eram as únicas formas possíveis de comunicação naqueles tempos de namoro pré-WhatsApp.

Numa das noites que passei nessa casa, lembro-me de que eu tinha acabado de sair de um banho gelado que nem cachoeira — já que ali não havia chuveiro, somente um cano do qual saía água fria —, e minha tia-avó estava sentada na cadeira de balanço bordando uma toalhinha para a igreja. Pouco tempo antes, ela havia perdido a visão de um dos olhos em uma cirurgia malsucedida, e, ao notar que estava com dificuldade para enxergar, comecei a ajudá-la com o bordado.

Conversa vai, conversa vem, ela me perguntou um tanto desconcertada e com sua voz forte de mulher nordestina como era estar apaixonada por alguém. Timidamente, quis saber também como era o sexo com alguém que se gosta. Aquelas perguntas poderiam ter vindo de uma adolescente inocente e curiosa sobre os mistérios de uma vida a dois, mas vinham de uma senhora que, no auge dos seus oitenta anos de mãe, viúva e avó, não havia tido a oportunidade de experimentar o amor, a paixão e o sexo em um contexto de respeito e liberdade. Eu respondia, mas o que queria mesmo era chorar de tristeza — como ela também chorou pelo olho murchinho de cegueira quando me contou que, com o marido, nunca houve sexo consentido; só havia violência e estupro. Ela me confessou que sempre teve horror ao sexo, que era algo que a deixava em pânico, pois se tratava, frequentemente, de um momento pautado por agressões. Quando era ainda recém-casada, minha tia, ao compartilhar com a família o que se passava em seu casamento, ouviu que o marido e o problema eram somente dela e de mais ninguém.

Eu me pergunto quantas de nós passaram uma vida inteira presas a relacionamentos como o de minha tia. Pode reparar que, quando mulheres mais idosas ficam viúvas, começam a brotar histórias e mais histórias sobre aquele casamento torto para o qual todo mundo sempre bateu palmas com admiração, comendo bolinho na comemoração das bodas de ouro. É por essa razão que sempre escuto com desconfiança aquele discurso saudosista sobre o quanto "os casamentos antigos eram duradouros". É claro que duravam, afinal, a esposa não tinha condições de subsistir sem um marido e, até muito pouco tempo atrás, também não havia a menor possibilidade de denunciar a violência física, psicológica, moral, sexual ou patrimonial sofrida dentro de uma relação, pois, como era costume dizer, "em briga de marido e mulher, não se mete a colher". Nem mesmo a justiça se envolvia e, quando era acionada, frequentemente permanecia do lado do marido — ainda que este fosse comprovadamente um agressor —, pois, legalmente, ele era o "chefe da sociedade conjugal" e ela lhe devia obediência total. Como a mulher não tinha voz, era preciso levar tudo com "jeitinho" e do modo que podia para que a vida não se tornasse um inferno ainda maior, já que o casamento era um compromisso para a vida inteira.

No abusivo modelo patriarcal, a mulher não só deve obediência ao homem como também precisa estar sempre à sua inteira disposição para cumprir com suas "obrigações de esposa" — o que inclui ter relações sexuais quando e como ele desejar, sem que a vontade da mulher seja levada em conta. Essa é a razão pela qual a violência nos relacionamentos ter sido encarada com naturalidade durante tanto tempo, afinal, muitos repetiram incansavelmente que, se a mulher apanhou do marido, isso aconteceu porque ela não o obedeceu e se negou a cumprir suas funções ou atender aos desejos dele. É preciso rever esses conceitos ultrapassados, a começar pela própria ideia de estupro, pois ainda há muitas pessoas que acreditam que só pode ser considerado estupro quando cometido por um desconhecido, o que não é verdade. Não importa se o outro é um amigo, marido, noivo ou namorado; se você não consentiu, é estupro e ponto final.

A violência e o abuso que acontecem dentro de um relacionamento têm como objetivo a dominação através da humilhação e da subjugação, a fim de impor ao outro a ideia de que este lhe pertence. É por essa razão que, conforme a igualdade entre os sexos é alcançada, essa luta pelo poder — típica das relações verticais — deixa de existir, já que só pode ser dominado aquele que é considerado inferior por alguém que se considera superior. Mas, enquanto essa igualdade não for alcançada de maneira mais ampla e efetiva, a violência doméstica continuará sendo uma realidade em nossas vidas. Infelizmente, é comum que a vítima demore a perceber que está sendo alvo de algum tipo de violência, pois nossa visão sobre o amor ainda é tão deturpada que diversas formas de violência ainda são equivocadamente interpretadas como excesso de zelo, por exemplo.

Infelizmente, ainda vejo muitas mulheres que, por falta de consciência ou informação, acabam sendo compreensivas com seus agressores, alegando que somente apanham quando o parceiro bebe demais ou quando ela fala mais do que deveria — motivos que não são, em hipótese alguma, justificativas plausíveis para qualquer tipo de violência. Essa interpretação completamente equivocada se origina no pensamento patriarcal, no qual o homem é visto como "proprietário" da mulher, podendo cobrar dela obediência e submissão a qualquer custo. Para se libertar de uma situação de violência doméstica, a mulher precisa entender essencialmente que não merece receber aquele tipo de tratamento — independentemente de qual seja a justificativa do seu agressor para agir de tal maneira.

Em culturas em que o patriarcado não impera, a forma como a mulher lida com a violência doméstica é completamente diferente da que conhecemos. Na cultura iorubá, por exemplo, que é essencialmente matrifocal, a mulher tem uma forma muito diferente de lidar com situações de violência doméstica. Na mitologia iorubá, as deusas se comportam de maneira muito mais empoderada do que as deusas da mitologia grega, em que a presença das ideologias patriarcais faz as mulheres se comportarem de maneira submissa, ainda que sejam divindades dotadas de poderes. Um bom exemplo para ilustrar a forma como a mulher iorubá lida com a violência doméstica é o mito do casamento de Iemanjá e Oroquê, resgatado pelo pesquisador Renato Noguera em seu livro *Mulheres e deusas*[4].

Quando conheceu seu segundo marido — Oroquê, rei de Xaci —, a deusa das águas se sentia insegura em relação ao seu corpo, pois tinha os seios volumosos por ter amamentado todos os dez filhos que nasceram do seu casamento anterior com Obatalá. Mas sua insegurança não foi um problema no relacionamento do casal que estava completamente apaixonado, assim como também não foi um problema o fato de Oroquê ser alcoólatra e possuir testículos desproporcionais. Um dia, contudo, ele chegou em casa bêbado e derrubou uma cabaça com comida fresca; Iemanjá lhe chamou a atenção por ter desperdiçado o alimento que seria compartilhado por eles, além de ter quebrado um objeto pelo qual ela tinha apreço. Sentindo-se ofendido com a bronca da esposa, ele revidou dizendo que ela tinha peitos que chegavam perto dos pés. No mesmo instante, Iemanjá se transformou em rio e abandonou Oroquê para sempre.

Se a intenção de Oroquê era ofendê-la e diminuí-la para mostrar seu poder e sua superioridade, o plano não deu certo. Por ser uma mulher criada em um núcleo matrifocal, Iemanjá tinha consciência do seu valor e não aceitava sofrer qualquer tipo de violência ou abuso dentro uma relação. Por não ser uma mulher submissa, ela, ao ser insultada, escolheu deixá-lo para não ter que suportar esse tipo de ataque dentro da própria casa.

Caso essa mesma situação tivesse acontecido em um contexto patriarcal, é provável que a mulher permanecesse

---

4 NOGUERA, Renato. **Mulheres e deusas**: como as divindades e os mitos femininos formaram a mulher atual. Rio de Janeiro: Harper Collins, 2017.

naquele relacionamento, sentindo-se culpada por ter provocado aquela reação no marido. A partir desse episódio, ela poderia também se tornar obcecada pela própria aparência, passando a buscar um corpo mais belo e perfeito para agradá-lo. E, certamente, essa teria sido apenas a primeira de muitas cenas de violência que passariam a fazer parte do cotidiano do casal.

Quando acreditamos que pertencemos ao outro — seja de maneira consciente ou inconsciente —, aceitamos sem contestar qualquer tipo de agressão ou punição sofrida dentro de uma relação, e essa é a razão pela qual tantas pessoas passam uma vida inteira convivendo com seus agressores. Portanto, se você estiver vivendo um relacionamento abusivo, inspire-se no mito de Iemanjá para encontrar a força que precisa para se libertar, consciente de que hoje existe uma legislação para proteger quem sofre os mais diversos tipos de abuso ou violência.

Conte pra mim, mulher: em algum momento você já sofreu algum tipo de abuso ou violência sem ter percebido de imediato?

Este é o momento ideal para refletir sobre aqueles comportamentos que nós frequentemente interpretamos como amor ou cuidado, mas que, na verdade, são atos violentos e abusivos capazes de deixar cicatrizes profundas no corpo e na alma.

____

____

____

____

____

____

QUANDO O SANGUE NÃO É MOTIVO PARA DESESPERO

São muitas as famílias que ainda entram em pânico com a chegada da primeira menstruação, impedindo que esse acontecimento seja vivido com a naturalidade e a leveza que o momento pede.

A primeira menstruação é um divisor de águas na vida da mulher que passa por essa experiência. Para aquelas que nasceram em países onde o primeiro sangramento é considerado uma prova de que a vida adulta chegou, ainda que ela seja apenas uma menina de dez ou onze anos de idade, aquele sangue será interpretado como um sinal de que está pronta para se casar e entrar nas infelizes estatísticas dos casamentos infantis, que continuam acontecendo todos os dias ao redor do globo. Para quem nasceu em um contexto em que a cultura e a religião entendem a menstruação como algo "sujo" ou "impuro", a partir daquele momento, todos os meses ela será impedida de compartilhar as refeições com a família durante seu período de "impureza menstrual".

A menstruação da mulher sempre foi — e continua sendo — um assunto rodeado de tabus e preconceitos em muitos lugares. Conta a historiadora Mary Del Priore que, no Brasil Colônia, havia, até o século XVIII, a crença de que o sangue menstrual seria um poderoso veneno, que, quando combinado com vidro moído, poderia ser misturado à comida do marido para matá-lo (me parece que qualquer coisa misturada a vidro moído teria o mesmo efeito, não?). Tanto a menstruação quanto a gravidez e a lactação foram, durante séculos, vistas praticamente como doenças e utilizadas como argumentos para embasar o impedimento à vida pública e sexual da mulher. Por mais absurdo que possa soar, acreditou-se por muito tempo que as relações sexuais ocorridas durante o período menstrual gerariam crianças doentes.

Agora, mesmo que você tenha nascido no mesmo contexto que eu — em que a primeira menstruação não a obrigará a se casar nem a impedirá de compartilhar as refeições com sua família —, nem por isso você deixou de viver algum tipo de efeito ou lidar com alguma consequência desse acontecimento. Aliás, trabalhando o resgate de memórias de infância através da Escrita Terapêutica, um dos temas mais pesados, traumáticos e mal resolvidos que vejo surgir nos relatos das mulheres continua sendo a primeira menstruação. Para muitas, esse acontecimento representa o fim de um período de liberdade e o início de um período de aprisionamento.

Vamos ser sinceras: a primeira menstruação já não é um acontecimento simples para uma menina assimilar, pois é preciso aprender a lidar com cólicas, incômodos e com a troca contínua de absorventes — já que basta um pequeno descuido para manchar a roupa ou a cadeira da escola e virar motivo de piada entre os colegas (quem nunca?). Mas a relação que ela terá com seu ciclo menstrual dependerá muito da forma como esse momento for conduzido pela família — o que nem sempre acontece de maneira tranquila.

Apesar de ser um acontecimento normal — e que deveria ser encarado com naturalidade —, muitas famílias ficam realmente paranoicas com o fato de aquela menina ter se tornado fértil e, atormentadas pela ideia de uma possível gravidez indesejada, passam a agir de maneira completamente equivocada. Há algum tempo, conheci uma pré-adolescente que havia tentado suicídio, pois, logo após sua primeira menstruação, os pais ficaram tão amedrontados com a possibilidade de gravidez que passaram a trancá-la — literalmente — dentro de casa.

O início da vida menstrual faz a família ter de encarar, inevitavelmente, o desabrochar da sexualidade de alguém que até então era apenas uma criança. Muitos têm resistência em aceitar essa mudança que chega trazendo inúmeras dúvidas; trata-se de um momento em que o diálogo precisa acontecer de forma leve e aberta, mas é comum ver famílias perderem o *timing* dessa conversa e permitirem, com seu silêncio, que situações indesejadas aconteçam. Esse constrangimento ou a recusa em reconhecer o desenvolvimento sexual de crianças e adolescentes contribui para que muitos pais nem mesmo vacinem seus filhos contra o vírus do HPV, por exemplo, expondo meninas e meninos a doenças que poderiam ser facilmente evitadas.

Eu estava de férias quando veio minha primeira menstruação e lembro que estávamos no cinema quando senti minha calcinha ficar molhada de repente. Por constrangimento, ninguém havia conversado muito sobre o tema, mas, como eu era uma leitora voraz e havia buscado nos livros compreender as questões que faziam parte da minha vida de menina pré-adolescente, eu sabia muito bem o que estava acontecendo — ao contrário da minha mãe, que, nascida em uma época em que era muito mais difícil buscar informação, pensou que estivesse morrendo quando menstruou.

Eu tinha dez anos de idade e, num primeiro momento, fiquei triste. A tristeza, contudo, logo se transformou em preocupação, pois eu sabia que, para minha família, aquele era um momento tão temido quanto esperado. Como meu corpo estava se desenvolvendo rapidamente, e o pediatra tinha avisado que a menstruação não demoraria a chegar, existia uma expectativa que para mim era praticamente incompreensível, afinal, para uma criança, não é nenhuma alegria descobrir que todo mês sentirá dores e ficará um tanto limitada por conta do sangramento.

Naquele momento, não tive vontade de compartilhar aquele acontecimento com a família, pois sabia que minha primeira menstruação traria mudanças que eu, definitivamente, preferia adiar. Além do mais, queria que aquele fosse um momento meu, no qual pudesse, sem que houvesse a interferência de ninguém, me descobrir dentro daquele novo processo e entender como ele modificaria minha rotina e minha relação com meu corpo. Desde criança, tenho uma tendência muito forte à introspecção, então cultivo muito essa ideia de vivenciar os acontecimentos de uma forma mais instintiva, para depois compartilhar acontecimentos e sensações com as pessoas ao meu redor.

Consegui esconder meu sangramento durante alguns meses até o dia em que, inevitavelmente, deixei alguma pista que levou a família a perceber o que estava acontecendo. E foi aí que veio a parte traumática: o fato de eu ter escondido — e a mágoa que aquilo causou nos meus pais — fez o assunto ser compartilhado não só com todos os familiares, mas também com amigos da família, expondo de uma forma desrespeitosa aquele acontecimento que eu queria tanto guardar para mim. Eu me senti extremamente invadida, o que me faz pensar que ninguém deveria compartilhar a intimidade da vida menstrual de uma menina sem seu consentimento.

Felizmente, hoje existe um movimento cada vez maior de valorização e resgate desse momento da história da mulher, que simboliza a consolidação de um vínculo sagrado com os ciclos naturais da vida. Isso permite que as meninas possam desenvolver uma relação mais leve com seu período menstrual e que todas nós, que enfrentamos algum tipo de trauma relacionado a esse momento, tenhamos a chance de ressignificá-lo. Portanto, se você é mãe, madrasta, tia ou responsável por alguma criança, tenha a preocupação de não repetir esse tipo de trauma nas meninas que fazem parte da sua vida.

Quanto à questão da gravidez precoce, apesar de continuar sendo um medo presente em muitas famílias, ela continua acontecendo o tempo inteiro porque ainda nos falta maturidade para desenvolver um diálogo mais honesto e transparente com os jovens. Quando uma gravidez precoce ocorre, é comum ver a menina ser totalmente responsabilizada, mas, ao escolher o silêncio em vez de trilhar o caminho da comunicação e da orientação, é a família a grande responsável por este acontecimento.

Conte pra mim, mulher: como você vivenciou a chegada de sua primeira menstruação?

Este é o momento ideal para refletir sobre o impacto desse acontecimento em sua vida e para revisitar suas lembranças (positivas ou negativas) sobre aquele dia. (Caso não tenha passado por essa experiência, você pode escrever sobre seus sentimentos em relação a essa ausência.)

NO TEMPO EM QUE O SEXO ERA PURA POESIA

Essa ideia do pecado, que permeia as nossas vidas, transforma em culpa e vergonha tudo aquilo que há de mais belo no mundo.

Mais de cinco séculos se passaram desde a chegada dos colonizadores, e muitos ainda acreditam que os indígenas são inferiores e atrasados — rótulos que os acompanham desde que os primeiros europeus desembarcaram aqui. Afinal, como respeitar e compreender povos que não cultivavam a cobiça nem buscavam exercer algum tipo de domínio sobre a natureza — características tão disseminadas na cultura ocidental? Penso que poderíamos ser muito mais felizes se tivéssemos disposição para aprender com esses seres humanos fantásticos, que estão sempre dispostos a compartilhar conosco uma sabedoria ancestral, capaz de nos mostrar a leveza da vida através do resgate do nosso vínculo mais puro com a natureza e com os seres que nela habitam.

Há alguns anos venho me dedicando ao estudo das culturas dos povos originários e com isso tive a oportunidade de conviver com indígenas de diferentes etnias na América Latina e no Caribe. Sem a menor dúvida, posso afirmar que cada etnia guarda, com suas particularidades, um mundo inteiro a ser descoberto e valorizado — se estivermos dispostos a deixar de lado nossos preconceitos e nossa ignorância, é claro.

Confesso que o que mais me surpreende e atrai na cultura indígena sul-americana desde o princípio é a leveza com a qual eles enxergam o Criador e sua comunhão com a natureza, em uma relação em que não há espaço para dominação ou para tentativas de demonstração de uma pseudossuperioridade. Para eles, o Criador é um grande amigo que está sempre do nosso lado, e, compreendendo um pouco mais sobre a relação que cultivam com a própria religiosidade, ficou evidente para mim a razão de o projeto de catequização jesuíta não ter encontrado um terreno fértil entre os povos nativos.

Nós somos filhas de uma cultura judaico-cristã, que, ao longo do tempo, se utilizou da religião como recurso para garantir a manutenção do domínio patriarcal — prova disso é o fato de as religiões que derivam dessa mesma origem sempre terem concentrado o poder nas mãos de homens. Seus textos foram repetidamente editados ao longo do tempo com o intuito de sustentar as bases do domínio patriarcal, portanto, a figura de Deus como nós a conhecemos foi construída para ser a representante maior dessa cultura religiosa, que teve um papel fundamental na propagação do discurso sobre a inferioridade da mulher, garantindo que ela desempenhasse, durante tantos séculos, seu papel de mãe domesticada e submissa. Nesse ponto, vale lembrar que, durante a Idade Média, milhares de mulheres que ousaram desempenhar algum papel além dos que estavam destinados ao seu sexo biológico foram cruelmente perseguidas, condenadas e assassinadas — muitas delas queimadas em fogueiras — em nome desses mesmos princípios religiosos patriarcais.

A visão desse Deus punitivo contribuiu para que criássemos a ideia de que a vida seria, então, uma experiência permeada desde o princípio pela presença do pecado — razão pela qual todos nós seríamos constantemente vigiados por Ele, que, ao identificar qualquer tipo de pecado em nossas vidas, estaria pronto para nos punir imediatamente. Essa visão do pecado criou um verdadeiro abismo entre os seres humanos e o Criador, pois é comum vermos Nele a figura de um pai sisudo e censor, sempre pronto para castigar seus filhos.

Confesso que nunca concordei com essa presença constante do pecado em nossas vidas e, desde criança, questionei essa ideia. Quando pequena, todas as noites minha mãe vinha rezar conosco antes de dormir, e eu fazia todas as orações com ela até chegar à ave-maria — uma oração que nunca rezei —, porque, mesmo criança, já não concordava com essa ideia de pedir a ela para "rogar por nós, pecadores". Eu não me sentia uma pecadora e me lembraria muito dessa passagem ao longo do tempo em que convivi com os indígenas pataxós no sul da Bahia, pois foi através de minha troca com eles que pude compreender que, desde o princípio, eu já enxergava que nossa relação com o Criador poderia — e deveria — ser mais leve.

Em seu livro *Adoradores do sol*[5], o autor Lucio Paiva Flores nos conta que, para o indígena, o Criador é uma figura amiga, que jamais colocaria uma bela árvore frondosa e frutífera como uma armadilha no seu jardim; Ele colocaria essa mesma árvore no jardim como um presente, para que Seus filhos pudessem saborear seus frutos e saciar sua fome. O Criador não amaldiçoaria e expulsaria Seus filhos desse mesmo paraíso, afinal, para os indígenas, a própria natureza seria esse paraíso, no qual todos nós — se não fossem a cobiça e a ganância que nos levam a destruir os presentes que dela recebemos — poderíamos viver. E a mesma leveza se aplica também à nossa relação com o corpo, com a nudez — algo que desde o princípio chocou os europeus — e, consequentemente, com o sexo.

Para os indígenas, o sexo é visto como algo belo e sagrado, como uma poesia e um caminho para a comunhão entre os seres humanos, tendo, normalmente, a natureza como pano de fundo. Antes da chegada dos colonizadores, a vida sexual também era vivida de forma livre e com diferentes parceiros, já que a monogamia não era uma

---

5 FLORES, Lucio Paiva. **Adoradores do sol**: reflexões sobre a religiosidade indígena. Petrópoles, RJ: Vozes, 2003.

realidade por aqui e não havia nenhuma preocupação com a legitimidade da maternidade ou da paternidade por duas razões.

A primeira delas se dava porque, como muitos povos indígenas sul-americanos sempre enxergaram a riqueza como algo que mora na natureza e da qual todos poderiam desfrutar, não havia a preocupação de estocar qualquer tipo de coisa nem acumular riquezas. Interessante é que não havia nem mesmo o hábito de armazenar alimentos, já que eles acreditavam que a natureza jamais deixaria de suprir as necessidades da tribo. Não havendo acúmulo de riquezas materiais, consequentemente, não havia também a preocupação de transmiti-las para herdeiros legítimos; a verdadeira riqueza deles era imaterial e residia na sabedoria que transmitiam para os membros da tribo em forma de histórias, costumes e tradições. A segunda razão é que, como eles cultivam um senso de comunidade que fundamenta as relações que desenvolvem entre si, os indígenas vivenciam uma experiência familiar coletiva, em que todos os filhos recebem cuidados de todos os pais e todas as mães da tribo como se fossem seus próprios filhos.

Se até então essas terras foram o cenário de uma vida sexual livre e igualitária para ambos os sexos, essa realidade se modificaria com a chegada dos europeus, que trouxeram, guardados nos porões de suas caravelas, toneladas de discursos limitantes e condenatórios. Foi com a colonização que essa imensa Terra Brasilis deixou de ser um território livre — no que se referia ao corpo, ao sexo e à sexualidade —, para se tornar uma filial daquela Europa fanática e patriarcal, pautada pelo culto ao pudor e ao falso moralismo, que, inevitavelmente, moldou as bases da nossa cultura.

Imagina só o quanto nossa relação com o corpo e a sexualidade poderia ser mais leve e bonita, caso os princípios indígenas tivessem prevalecido?

Conte pra mim, mulher: agora que você conhece um pouco mais sobre a relação dos indígenas com a sexualidade e religiosidade, o que acha que poderia aprender com eles?

Este é o momento ideal para refletir sobre a forma como a ideia do pecado foi transmitida para você e como ela influencia — ou influenciou — sua vida.

QUANDO O SEXO DEIXOU DE SER PURA POESIA

Em busca de uma vida mais plena e feliz, é preciso aprender a lidar com as culpas e crenças que ainda pairam no ar quando o assunto é sexo e sexualidade.

A partir do momento em que o Brasil passou a ser colonizado, foi instituído aqui aquele ideal religioso trazido no baú dos jesuítas de que o casamento teria a função exclusiva de constituição familiar — um discurso que foi, na maior parte do tempo, direcionado à mulher e que não mediu esforços para rotular o sexo, o corpo e a sexualidade como pecados a serem evitados a qualquer custo. Nisso, perdeu-se a leveza com a qual o sexo e a sexualidade deveriam ser vivenciados, além da oportunidade de mantermos uma relação positiva com esse corpo que é o tempo inteiro alvo de críticas e associações pecaminosas, em vez de ser visto exatamente como ele é: o templo sagrado onde habita nosso espírito.

Nesse contexto, apesar de ser considerado um pecado condenável, o sexo era a única via para a constituição familiar. Sendo assim, a cama do casal deveria ser tratada como o território sagrado da procriação cristã, onde não haveria espaço para pecar além do necessário. Conta a historiadora Mary Del Priore que, na época do Brasil Colônia, era fundamental que houvesse um crucifixo sobre a cama para indicar esse *status* (quem nunca viu essa cena na casa de uma tia ou avó?) e, como era altamente recomendável evitar a nudez — já que ela poderia incitar pecados que não condiziam com a sacralidade do momento —, era comum que fosse utilizado um lençol com um buraco para separar o casal, evitando, assim, uma proximidade maior entre os corpos e o contato da pele. Como segunda opção, o casal também poderia ter relações vestido, e, nesse caso, a mulher usaria uma camisola branca com um buraco na altura da vagina; logo acima do buraco, era comum encontrar os seguintes dizeres bordados: "Deus abençoe esta casa".

Mas é claro que o mesmo homem que "procriava" vestido com a esposa na cama de casa tinha toda a liberdade para exercer sua vida sexual como quisesse com amantes ou prostitutas — um universo ao qual não pertenciam crucifixos, lençóis ou camisolas com mensagens religiosas e no qual a erotização tinha espaço para se manifestar. Enquanto isso, a esposa — a mulher "honesta" e "respeitável" que havia se casado virgem — estava fadada a ter uma vida sexual nada satisfatória, com o único objetivo de formar família, emendando uma gravidez na outra, enquanto zelava por sua virtude através da falta de desejo sexual. E foi assim que se criou o mito de que a poligamia seria uma característica intrínseca ao homem e a monogamia à mulher, item essencial para garantir a legitimidade paterna dos herdeiros.

Ainda hoje é possível encontrar — com uma frequência maior do que eu gostaria de admitir — esse culto à "moça de antigamente" — a famosa "bela, recatada e do lar" —, que passa a vida aguardando um bom partido, enquanto cultiva uma relação conflituosa com a própria sexualidade. Com isso, vemos também a presença insistente do culto à virgindade — um tema totalmente fora de moda, aliás —, que acaba se tornando um pretexto para a desvalorização e manipulação da mulher. Dentro de muitos relacionamentos abusivos, por exemplo, existem homens que se utilizam dessa questão como uma forma de manipulação para subjugar ou desmerecer a mulher, como se ela tivesse menos valor por não ser virgem e como se ele estivesse sendo "bondoso", fazendo um "favor" de aceitar na sua vida alguém que não guardou a sua primeira vez para ele. É nítido o quanto uma mulher segura de si, que conhece o próprio corpo e o caminho para o prazer e a própria satisfação, é capaz de gerar insegurança em muitos homens, que, frequentemente, acabam recorrendo a esse tipo de discurso tóxico e cafona na tentativa de impor sua pretensa superioridade.

Mas é claro que não são apenas homens que seguem sustentando esse discurso em prol da virgindade da mulher. Quando entrei na faculdade, assumi um namoro com um colega, e aquilo causou uma série de situações e intervenções de pessoas que nem mesmo tinham proximidade comigo. Lembro que uma amiga de infância do meu pai ligou lá para casa assim que soube, sondando para saber se eu ainda era virgem e fazendo todo um discurso sobre a importância de preservar a virgindade até o casamento — um ato totalmente invasivo, descabido e fora de época que aconteceu comigo e com outras tantas amigas. Esse mesmo discurso pode trazer uma carga de culpa tão grande para a mulher que, por vezes, ela acaba concordando em se casar com alguém — mesmo sem ter certeza dos seus sentimentos por essa pessoa —, somente para não ficar "malfalada" ou para se livrar de toda essa pressão psicológica da qual se torna alvo.

Se o sexo é uma troca poética com alguém, a sexualidade é uma busca individual, uma forma de explorar e conhecer nosso próprio prazer. É através desse conhecimento que passamos a ter a possibilidade de vivenciar o sexo de forma profunda com nossos parceiros. Porém, acostumada a não enxergar o espaço que pertence a si mesma — seja por vergonha ou falta de informação —, a mulher, frequentemente, acaba não desenvolvendo a própria sexualidade, acreditando que seu papel seja apenas dar prazer ao outro.

Quando agimos como se fôssemos apenas um instrumento do prazer alheio, deixamos de trabalhar em busca da satisfação do nosso próprio prazer, o que torna a vida sexual uma experiência extremamente incômoda e coberta de frustrações. Para quem passa a vida fingindo orgasmo somente para satisfazer às expectativas do par, o sexo pode acabar se tornando um peso e uma obrigação tediosa. E, como a mulher sempre foi tão perseguida e condenada, muitas não se permitem vivenciar esse prazer individual, o que limita e atrapalha o desenvolvimento de uma vida sexual plena e saudável com seus parceiros. Afinal, quem não aprende a mergulhar no próprio prazer não consegue se conectar com o outro na esfera sexual.

Terrenos muito férteis, que podem ser desenvolvidos de diversas maneiras dentro de uma relação, o sexo e a sexualidade acabam ficando limitados a uma repetição mecânica e cansativa para ambos. Se a mulher, frequentemente, não dá a devida importância para o papel do sexo na relação — por ter tido seu desejo sempre tão reprimido —, por outro lado, o homem é incentivado a estar o tempo inteiro disposto a fazer demonstrações de sua performance para reafirmar sua masculinidade e virilidade. Com isso, existem muitos psicoterapeutas e estudiosos que defendem a ideia de que a quantidade de relações sexuais indesejadas dentro de um casamento pode ser assustadoramente maior do que na prostituição.

E, por falar em prostituição, a mulher escuta constantemente que, para manter uma relação, é preciso agir como prostituta na cama — senão o marido buscará outra — e como uma dama na sala — afinal, ninguém quer estar casado com uma mulher "vulgar". Esse discurso, que, aparentemente, liberta a mulher para ser "pecadora" além de "santa", é apenas mais uma grande prisão em sua vida, pois é uma tentativa de mantê-la exatamente onde sempre esteve: à disposição para servir e atender aos desejos do outro. Com medo de que seu relacionamento fracasse por não conseguir agir como uma prostituta, muitas mulheres se sujeitam a fazer coisas que não querem, vestindo fantasias com as quais não se sentem bem, fazendo "aulas" com profissionais do sexo para aprender truques e posições para agradar o homem. E, no meio de tantos rótulos, não sobra o espaço para o principal: ser ela mesma e ter a chance de ser amada e desejada exatamente como é.

Se até pouco tempo atrás, padres e bispos tinham, frequentemente, mais poderes nas mãos do que os próprios políticos, com a redução da influência religiosa na sociedade — e com a ascensão de outras correntes filosóficas que abriram novos caminhos e novas possibilidades para o pensamento e o comportamento —, o fantasma do pecado, que reinou absoluto em nossas vidas durante tanto tempo, começou a se dissipar timidamente. E mesmo que muitos pensamentos arcaicos ainda façam parte de nossas vidas por estarem profundamente enraizados em nossa cultura, felizmente, essa nova realidade vem fazendo as igrejas reverem seus valores e se modernizarem, acompanhando as pautas e questões contemporâneas. Nesse contexto, precisamos encontrar nosso caminho de volta para a poesia que permeia o sexo, o corpo e a sexualidade humana.

Conte pra mim, mulher: como é a relação que você mantém com sua sexualidade, aquela que acontece no campo da sua individualidade?

Este é o momento ideal para refletir sobre a forma como você tem desenvolvido ou negligenciado sua sexualidade como uma consequência de suas crenças e vivências.

____

____

____

PEGA NA MENTIRA

O vínculo da confiança é o alicerce de uma relação saudável, que, se construído sobre as bases da mentira, coloca até mesmo as histórias mais belas a perder.

Pense nos seus amores presentes ou passados. De todas as pessoas que passaram por sua vida, escolha uma que você considera que foi importante. Pense nela e volte agora para o dia do primeiro encontro: onde vocês estavam? O que fizeram juntos naquele dia? O que vestiam? Sobre o que conversaram? Como se conheceram?

Agora que o cenário já está montado, procure resgatar as sensações e impressões que você teve sobre a pessoa naquele momento em que a história de vocês estava só começando. O que a fez se sentir confortável ou desconfortável com a presença dela? Quais virtudes, pensamentos ou discursos prenderam sua atenção? Quais impressões positivas e negativas ela lhe causou? O que a fez desejar ou escolher construir uma história ao lado dessa pessoa?

Agora pense na convivência posterior de vocês e reflita: quais daquelas primeiras impressões se confirmaram com o tempo? Quais se mostraram completamente equivocadas? Por qual motivo você agora enxerga a situação dessa forma?

Quando se trata de relacionamento humano, nosso medo de rejeição e a necessidade de sentir que pertencemos ao nosso núcleo, que somos aceitos pelas pessoas com quem convivemos, moldam, frequentemente, nossa forma de agir e nos comunicar com o outro. Costumo trabalhar um exercício muito interessante com meus alunos na Escrita Terapêutica, que demonstra o quanto construímos nosso discurso de acordo com o ouvinte. Em um primeiro momento, peço a cada um que escreva sobre uma situação extremamente embaraçosa ou constrangedora de sua vida e sobre a qual nunca teve coragem de falar com ninguém, deixando-os avisados e seguros de que não terão que ler ou mostrar seus escritos em momento algum. Concluída essa primeira etapa, peço para imaginarem que, por alguma razão, serão obrigados a contar esse acontecimento para alguém do seu convívio — seja pai, mãe, cônjuge ou filhos, por exemplo — através de uma carta. Quando terminamos essa segunda etapa, sugiro a todos que, em silêncio, comparem o relato da primeira carta com o da segunda. Nesse momento, é comum que meus alunos manifestem diversas reações — que vão do riso ao choro —, ao confrontarem as diferenças que costumam existir entre uma narrativa e outra.

Isso ocorre porque o medo da rejeição, da censura e do julgamento nos incentiva a suprimir detalhes mais delicados ou modificar a ordem dos fatos, por exemplo, para que uma questão ou um acontecimento se torne mais aceitável do ponto de vista do outro. E é claro que, nos relacionamentos amorosos, nós também tendemos a seguir essa dinâmica: num primeiro momento, manipulamos ou omitimos fatos que acreditamos ser capazes de provocar algum tipo de rejeição, deixando para revelar certas coisas no futuro. Como disse Frejat na música "Segredos"[6]: "E eu vou tratá-la bem, pra que ela não tenha medo quando começar a conhecer os meus segredos". Mas é claro que nem sempre o plano sai conforme o esperado e, dependendo do contexto em que segredos e mentiras são revelados — e do seu grau de gravidade, é claro —, não importa o quanto você tenha sido gentil ou tratado bem o outro; aquela descoberta poderá colocar tudo a perder. Seja lá qual for a motivação para mentir ou omitir, o resultado será sempre o mesmo: quando a mentira ou omissão for descoberta, o outro se sentirá enganado e o vínculo de confiança — elemento

6 SEGREDOS. Intérprete: Frejat. Compositor: Frejat. *In*: AMOR para recomeçar. Intérprete: Frejat. 2001.

fundamental para a sustentação de nossas relações — será colocado em xeque.

É certo que os primeiros vínculos que criamos com alguém se sustentem sobre as bases das primeiras impressões e conversas, mas eles somente irão se consolidar com o tempo, quando temos a chance de verificar se o discurso e as aparências estão em consonância com a realidade, que, inevitavelmente, se desnuda no dia a dia. Quantas vezes você ouviu alguém dizer que caiu em uma "propaganda enganosa" ao se referir a um relacionamento? Infelizmente, as mentiras fazem parte das nossas relações sociais, familiares, profissionais e amorosas e são os motivos mais frequentes para rompimentos e para o surgimento de medos e traumas, pois a facada sempre dói mais quando vem de uma mão amiga — principalmente quando o que está em jogo são as vidraças delicadas dos nossos corações.

Em um mundo que cultua fervorosamente a superficialidade da imagem, nos acostumamos a atuar como "vendedores de nós mesmos", agindo como se fôssemos nada além de produtos na prateleira. Nesse papel, agimos por vezes como aquele vendedor que, mesmo conhecendo os inúmeros defeitos de fábrica do seu produto, exalta somente os pontos positivos e omite os pontos menos encantadores, que só serão descobertos após a compra. Mas como você se sente quando adquire um produto que acaba se revelando completamente diferente daquele mostrado na propaganda? É exatamente essa a sensação de ter levado "gato por lebre" que experimentamos quando percebemos que a pessoa por quem nos apaixonamos não passava de uma miragem.

Quando nos lembramos dos nossos primeiros encontros com pessoas que tiveram importância em nossa vida, é muito frequente observarmos o quanto estávamos preocupados em demonstrar que éramos a pessoa certa na vida do outro ou em buscar, de qualquer maneira, criar afinidade, enxergando sinais onde não havia nada de relevante. Frequentemente, transmitimos uma imagem um tanto deturpada de nós mesmos, e, conforme a verdade surge com a convivência, a tendência é que a pessoa se sinta enganada. Quando isso acontece, não podemos alegar que o amor não resiste à realidade; o que não resiste à realidade é a mentira, que se torna insustentável no dia a dia.

Por mais que você tenha algum segredo embaraçoso, é preciso lidar com essa realidade, pois as pessoas com quem nos relacionamos têm o direito de conhecer os acidentes do terreno em que estão pisando. Frequentemente motivados pelo medo e pela insegurança, quando optamos pelos tortuosos caminhos da mentira corremos os maiores riscos de perder aquilo e aqueles que são importantes para nós. Quantas pessoas mentem sobre ter habilidades que não possuem para conseguir um emprego, no entanto, quando surge a necessidade de aplicá-las no dia a dia profissional, a mentira se revela, colocando a reputação daquele profissional em xeque? O mesmo acontece nas nossas relações amorosas; não adianta mentir para conquistar, porque a conquista é apenas o primeiro de muitos passos que uma relação precisa dar para se sustentar. Nesse percurso, quando um vínculo de confiança se quebra em definitivo, não tem curativo capaz de fazer aquela ferida cicatrizar.

Conte pra mim, mulher: você já se apaixonou por um personagem que não era real? Algum dia, você sentiu que foi esse personagem na vida de alguém

e que — de forma intencional ou não —, passou a imagem de ser diferente do que é?

Este é o momento ideal para refletir sobre o quanto mentimos e omitimos nas nossas relações — seja por medo ou constrangimento, ou até para provar que cabemos no mundo do outro.

UMA VIDA TODA SUA

Quando nos damos conta da importância de nossas conquistas, percebemos o tamanho do erro que cometemos ao abdicar voluntariamente dos nossos direitos.

No livro *Um teto todo seu*[7], a escritora inglesa Virginia Woolf defendeu que, para conseguir realizar seu trabalho com liberdade e tranquilidade, a mulher precisaria ter um espaço exclusivamente seu — em contraposição com a ideia até então praticada de que apenas o espaço limitado da cozinha lhe cabia —, além de uma fonte de renda que lhe permitisse arcar com suas contas básicas, sem que precisasse depender de ninguém para sobreviver. Os tempos mudaram, mas os conselhos dela ainda são essenciais, visto que tantas mulheres ainda não conquistaram seu próprio espaço e sua independência financeira.

Quando o assunto é espaço, muitas mulheres ainda batalham para encontrar um lugar para si mesmas em suas próprias casas, e, com os apartamentos cada vez menores, a busca por esse refúgio e por silêncio continuam sendo um grande desafio. Conheço escritoras — e eu mesma já fui uma delas — que, para conseguirem trabalhar em seus livros, acordam antes do amanhecer — horas antes dos filhos, das esposas ou dos maridos — para desfrutarem de um momento só delas, antes que seja dada a largada para mais um dia cheio e estressante na rotina familiar.

Quando o assunto é dinheiro, ele também continua sendo uma grande preocupação na vida de muitas de nós. Até pouco tempo atrás, legalmente, o patrimônio só poderia ser administrado por homens, o que explica o fato de as mulheres sempre terem sido historicamente mais pobres. Como o acesso ao dinheiro nos foi vetado durante muito tempo, somente agora estamos aprendendo a lidar com ele e com todas as questões, crenças e inseguranças a ele relacionadas. Devido ao peso dessa

---

7 WOOLF, Virginia. **Um teto todo seu**. Tradução Bia Nunes de Souza, Glauco Mattoso. São Paulo: Tordesilhas, 2014.

carga histórica, ainda é comum que o poder aquisitivo da mulher seja subestimado e que ela ganhe menos para exercer as mesmas funções realizadas por um homem. Por ser um acontecimento relativamente novo, a independência financeira da mulher também pode causar medo e desconforto; há muitos homens que só se sentem confortáveis em suas relações quando sabem que ganham mais do que suas parceiras. Lembro-me de uma amiga que, durante anos, escondeu do marido o quanto ganhava, pois sabia que o fato de ganhar mais traria um conflito para a relação. Dito e feito: assim que ele descobriu a renda dela, o tema se tornou um problema constante que levou a uma crise no casamento.

Ao abandonarem suas carreiras — e, consequentemente, seus ganhos — para se dedicarem exclusivamente aos filhos, muitas mulheres acabam se vendo em uma verdadeira "sinuca de bico" quando se dão conta de que não têm dinheiro suficiente para empreender, investir nos próprios sonhos ou até mesmo para se manter em caso de divórcio. Para conseguirem fazer um pé de meia, muitas se acostumam a "desviar" o troco do supermercado ou da feira. Outras, sentindo-se incapazes — consciente ou inconscientemente — de cuidar do próprio dinheiro entregando todos os seus ganhos para o homem da casa — seja ele um marido, pai ou irmão — administrar. E é assim que, ano após ano, a dependência financeira continua sustentando um número incontável de relações e convivências falidas.

Já vi muitas mulheres que, ao manifestarem o desejo de se separar, se deram conta de que eram vítimas de violência patrimonial, pois todos os bens e investimentos do casal estavam em nome do parceiro. Nesses casos, a dependência financeira propositadamente arquitetada se torna, então, uma forma de manter a mulher presa àquela relação infeliz, afinal, dependendo do regime de bens estabelecido na união, a mulher sairia da relação, em caso de separação, sem nenhum centavo e teria que partir para uma briga judicial para comprovar a violência patrimonial sofrida. Em casos assim, há quem aceite a chantagem, enquanto outras optam por sair do relacionamento "com uma mão na frente e outra atrás" e recomeçar a vida da estaca zero. A partir do momento que compreendemos que o dinheiro ainda é frequentemente usado como um atalho para o controle e o domínio da relação, não podemos mais cair nessa armadilha: é preciso buscar a independência financeira e, ao alcançá-la, não abdicar dela em nome de nada ou de ninguém.

Ao longo do tempo, conheci muitas mulheres de todas as idades, e um arrependimento constante que as mais idosas sempre compartilharam comigo foi de ter abandonado — ou deixado de desenvolver — uma carreira para cuidar exclusivamente da casa e dos filhos, abdicando de si mesmas. Aquela imagem que temos da mãe sempre exausta, descuidando de si para cuidar do outro, precisa ser desconstruída para que consigamos encarar a maternidade como algo enriquecedor e não como uma experiência capaz de sugar toda a energia vital da mulher. Afinal, quando escutamos as mães falarem sobre a maternidade, ainda existe um peso muito grande pairando sobre o tema, principalmente no caso daquelas que não puderam contar com a colaboração de parceiros ou familiares nos cuidados e na criação do bebê.

No meu trabalho com grupos de mulheres, estou em constante contato com gestantes e mães que, em nossas conversas, sempre trazem dúvidas, ideias, pensamentos e questionamentos que, inevitavelmente, envolvem a maternidade. Frequentemente, vejo mulheres que, sentindo-se culpadas, frustradas e cansadas de conciliarem maternidade e carreira, acabam considerando a ideia de fazerem uma pausa na vida profissional a fim de cuidarem exclusivamente dos filhos. E não interessa quantas vezes eu escute isso, minha reação é sempre a mesma: "Não faça isso, não, sua doida!". Penso que não podemos abdicar de nossa independência financeira nem da busca pela realização dos nossos sonhos e projetos pessoais, pois o preço que se paga por essa escolha, normalmente, é altíssimo e nos deixa de mãos atadas.

Além do mais, ainda que a mãe tenha uma renda fixa que lhe garanta independência financeira suficiente para não precisar trabalhar durante algum tempo, penso que a maternidade não pode ser o único projeto na vida de alguém — ainda que seja algo lindo e extremamente trabalhoso. É claro que existem momentos únicos do desenvolvimento de uma criança que precisam ser vividos e que o desejo de estar perto é enorme, mas, para isso, não é preciso abandonar tudo; basta pisar no freio e buscar novas possibilidades. É possível trocar o emprego formal pelo empreendedorismo ou pela prestação de serviços, que ofereçam flexibilidade de horário ou que possam até mesmo ser realizados no formato *home office*. O importante é não perder de vista que existem muitas maneiras de seguir desenvolvendo-se profissionalmente, sem que haja a necessidade de abandonar tudo em nome da maternidade.

Tenho muitas amigas que, ao se tornarem mães, decidiram abdicar da CLT e aproveitaram o momento para investir em planos e projetos que, frequentemente, nós deixamos de lado em nome da estabilidade de um registro profissional. Já vi muitas mulheres mudarem o rumo de suas vidas para melhor nesse momento, permitindo-se construir novas carreiras e dedicando seu tempo à criação de algo que fizesse sentido para elas. Nesse caminho, a lista de possibilidades é infinita: desenhar móveis, criar joias e acessórios, produzir velas ou chocolates, desenhar ou costurar uma coleção de roupas. Já soube de casos também que a nova mamãe — inspirada pelas necessidades do momento — criou linhas de roupas, brinquedos ou papinhas para bebês, transformando sua experiência com a maternidade em um negócio rentável e bem-sucedido. Tudo isso sem precisar sair de casa ou cumprir jornadas com horários inflexíveis, tendo a possibilidade de acompanhar de perto o crescimento do bebê, mas sem abdicar da sua realização profissional e financeira.

Apesar de cansativa, a maternidade pode representar um momento muito criativo, capaz de render bons frutos e inspirar a mulher no resgate e na realização de sonhos e projetos profissionais. Ocorre que, por vezes, nos sentimos tão pressionadas a seguir aquele modelo ainda hoje difundido de que a mãe deve abdicar de sua individualidade em tempo integral para cuidar do bebê que acabamos não dedicando tempo suficiente para refletir sobre as possibilidades a serem exploradas nesse momento. Nenhuma mãe deveria perder sua conexão com o mundo exterior para se fechar no universo do bebê, pois isso traz um desequilíbrio para sua vida, além de frustrações que poderão ser projetadas na criança. Não acredita? Quantas vezes você já viu mães frustradas projetando seus sonhos nos filhos? Ou cultivando o discurso de que os filhos "precisam" obedecê-la ou permanecer ao seu lado sempre, afinal, ela "abriu mão de tudo o que tinha" por eles?

E se esses argumentos ainda não foram suficientes, pense que, para um filho, é muito saudável entender desde cedo que ele não é o centro do universo para sua mãe. Ser filho de uma pessoa dinâmica, próspera e realizada é uma grande inspiração para a criança para que ela também busque sua independência e realização, aprendendo naturalmente e dentro de casa que a vida é feita do equilíbrio entre os diversos papéis que desempenhamos ao longo de nossa jornada.

Se neste exato momento você está vivendo o resultado de ter abandonado tudo para ser mãe em tempo integral, mas deseja resgatar seus projetos e reconstruir sua vida profissional, tenha a certeza de que sempre é tempo de retomar ou iniciar seu caminho em busca dos seus sonhos. Esqueça aquela história de que é "tarde demais" e permita-se revisitar todas as ideias e todos os sonhos que ficaram guardados no passado com a chegada da maternidade. Quais deles ainda fazem sentido para você? Que experiências e realizações você tem sede de viver e alcançar? Saiba que não é preciso passar a vida inteira remoendo as frustrações dos sonhos e projetos não realizados; é sempre tempo de começar uma nova história, enriquecida com toda a bagagem e sabedoria que os acontecimentos vividos lhe trouxeram. Basta acreditar que nunca é tarde demais.

Conte pra mim, mulher: quais espaços e independências você deseja conquistar atualmente?

Este é o momento ideal para refletir sobre as esferas de sua vida em que você ainda não se sente livre, segura e independente como gostaria e pensar sobre os caminhos e as decisões que precisa tomar para alcançar essa realidade desejada.

____

____

____

____

A ARTE DE APRENDER A ESTAR SÓ

Para sermos felizes na companhia de alguém, antes precisamos aprender a vivenciar e a celebrar o prazer de nossa companhia.

A noite caiu, o fim de semana chegou, há uma festa para ir, viagem marcada para o final do mês, e você está só. Seja lá qual for a razão — porque acabou de se divorciar, porque está em um relacionamento sério consigo mesma, porque sua companheira ou seu companheiro não está por perto ou porque seus amigos e suas amigas já têm compromisso —, a questão é que, por vezes, nos vemos sozinhas e podemos acabar nos sentindo desmotivadas a sair de casa por falta de companhia. Educadas para pensar que tudo, habitualmente, tem de ser feito com o outro e pelo outro, somos ensinadas desde cedo por meio dos modelos tradicionais de família que a mulher nunca está sozinha, pois está sempre cercada de pessoas do seu convívio. Se durante muito tempo realmente não tivemos direito a um espaço só nosso, ainda hoje, devido ao peso dessa herança, é comum seguirmos acreditando que todos os momentos foram feitos para ser compartilhados e com isso acabamos perdendo a oportunidade de viver momentos incríveis só porque não há alguém disponível para nos acompanhar.

Conheço muitas mulheres que, quando estão sozinhas, ficam perdidas, sem até conseguirem ocupar um lugar na própria mesa de jantar. Por isso se torna cada vez mais urgente refletirmos sobre a importância de nos permitir, nos cuidar e nos agradar mesmo quando não há ninguém ao nosso lado — ou até mesmo quando não há, aparentemente, nenhum motivo especial para isso. Confesso que nunca tive aptidão para esperar por companhia ou momentos solenes para fazer o que queria ou para usar minhas coisas. Quando criança, minha mãe ficava louca comigo porque eu nunca aguardava o início das aulas para começar a usar meus lápis novos, que, no primeiro dia de aula, já estavam pela metade. Quando ganhava um vestido novo, já queria usar no mesmo dia — nem que fosse para jantar em casa um simples pãozinho com manteiga e café com leite. Por conta disso, frequentemente escuto: "Mas como assim você abre um vinho para beber sozinha?", "por que usar uma camisola ou lingerie bonita para ficar em casa vendo Netflix?" ou "para quê colocar na mesa seus melhores talheres e louças para comer sozinha?".

Sempre que penso nesse assunto, é impossível não me lembrar de uma tia-avó que, ao ficar viúva após uma convivência de décadas com o marido, ainda tinha um armário cheio de presentes embalados que havia ganhado em sua festa de casamento. Eram conjuntos de taças, louças um tanto fora de moda e toalhas manchadas pelas décadas que passaram guardadas à espera de uma ocasião especial para entrarem em cena. Como nenhuma ocasião parecia ser especial o bastante para ela, todas aquelas peças lindas permaneceram guardadas no mesmo lugar uma vida inteira até começarem a ser divididas entre os filhos e netos.

Lembro que eu era criança quando me deparei com aquele triste armário que mais parecia um túmulo e foi ali que prometi para mim mesma que jamais teria um espaço daqueles em minha vida. Nessa espera pelo momento ou pela pessoa ideal, perdemos a oportunidade de compartilhar o que temos com alguém muito especial: nós mesmas. Então, se quiser receber um conselho desta amiga, eu lhe diria: não deixe de abrir um vinho só porque não há ninguém com quem compartilhá-lo, não deixe de conhecer um novo restaurante ou assistir a uma peça incrível só porque não tem ninguém livre para acompanhá-la.

Vejo que muitas pessoas têm uma resistência enorme a fazer algo sozinhas, mas basta se permitir para ver que pode ser uma experiência muito rica e interessante.

Além do mais, não é porque você saiu sozinha que assim permanecerá. Quando estamos sozinhas em um ambiente, a chance de conhecermos pessoas novas é muito maior do que quando estamos acompanhadas. Quer ver? Há alguns anos, eu estava no Rio de Janeiro para o lançamento de um dos meus livros, e esse tipo de evento tem uma dinâmica muito curiosa. Num momento, você está cercada de pessoas; no outro, todos desaparecem de uma vez, enquanto as luzes começam a se apagar e algum funcionário indica que precisa fechar o local. Naquela noite, eu não havia combinado nada para depois, então todos os meus amigos foram embora. Quando me vi sozinha ao final do evento, contudo, não me deixei intimidar. Como aquela era uma noite de celebração para mim, voltei para o apartamento onde estava hospedada, tomei um banho, me troquei e ganhei a rua sem ter um destino em mente. Já era tarde, mas, como estávamos no verão e fazia muito calor, havia muitos bares e restaurantes abertos. Passei algum tempo caminhando pela praia até finalmente encontrar um lugar legal para comemorar aquela noite tão especial.

Na mesa ao lado, havia dois casais de chineses sofrendo para fazer um pedido, pois não havia ninguém naquele restaurante que falasse inglês — muito menos chinês, é claro —, e, como me ofereci para ajudá-los, acabei sendo convidada para me juntar a eles. Era o aniversário de um dos rapazes, e, assim que eles souberam do lançamento do meu livro, aquela se tornou uma grande celebração. Nós passamos uma noite muito especial trocando ideias e experiências, e foi assim que comemorei um momento tão importante da minha carreira com quatro chineses que eu nunca tinha visto antes, ao mesmo tempo que eles celebravam um aniversário com uma brasileira igualmente desconhecida. Ficamos amigos e, apesar de nunca mais termos nos encontrado pessoalmente, mais de quinze anos depois, vez ou outra ainda trocamos mensagens.

Quando nos acostumamos a fazer tudo com alguém, nos tornamos dependentes do outro para nos locomover e perdemos, assim, grandes oportunidades de viver novas experiências que jamais aconteceriam se estivéssemos limitadas ao conforto de uma companhia conhecida. É claro que uma boa companhia é sempre bem-vinda, mas estar sozinha é um exercício que nos convida o tempo inteiro a encontrar motivação para sair de nossa zona de conforto. Eu, que já viajei para tantos lugares desacompanhada, penso que estar sozinha enriqueceu muito minhas experiências.

Temos o hábito de encarar a solidão como algo deprimente e negativo, como se estar sozinho fosse um atestado de rejeição, como se ninguém quisesse estar ao nosso lado. Nisso, perdemos a chance de vivenciar todos os aspectos interessantes que se manifestam quando estamos sós, um momento em que temos a oportunidade de conhecer e explorar nosso ritmo, nos deixando guiar pela intuição, enquanto observamos o que nos cerca com mais profundidade e atenção, pois nos permitimos viver cada momento no nosso próprio tempo. Além do mais, não se esqueça de que nossa falta de habilidade de administrar a própria solidão, frequentemente, nos mantém presas a amizades e relacionamentos falidos — uma realidade que atinge homens e mulheres.

Num dia desses, um conhecido me contou que estava infeliz em seu relacionamento e já havia começado a buscar alguém para "substituir" a namorada. Perguntei-lhe se não seria mais fácil terminar o relacionamento e aguardar que seu caminho cruzasse com o de outra pessoa. Ele ficou indignado, afirmou que jamais escolheria ficar sozinho e ainda completou: "Namorar é como andar de carro: depois que tiramos a habilitação, nunca mais queremos pegar ônibus, né? Na hora da troca é a mesma coisa; não dá para trocar seu carro por um pior, mais velho ou mais batido. Tem que ser melhorzinho do que o anterior. Para namorar é a mesma coisa, então preciso achar alguém melhor do que minha namorada e aí, sim, termino com ela".

Sinceramente, acredito que é preciso ter motivos mais nobres para compartilhar nosso tempo com alguém, além da necessidade de suprir uma carência que leve alguém a comparar um relacionamento com uma troca de carro. Quando aprendemos a viver bem sozinhos, não escolhemos compartilhar nosso tempo com alguém por medo ou carência, mas sim por vontade de estar junto. E não há nada mais bonito do que saber que o outro está conosco porque faz questão da nossa companhia e não por falta de opção melhor para driblar a solidão.

Com tantos aplicativos que se propõem a aproximar pessoas, vivemos um tempo em que está cada vez mais fácil evitar a solidão. Mas, quando permanecemos com os olhos voltados para nossas telas, deixamos de enxergar as possíveis histórias incríveis que cruzam nossos caminhos o tempo inteiro. Sugiro que você deixe um pouco seu celular de lado e observe o movimento: há muita vida acontecendo além da que as telas têm para mostrar. Eu mesma conheci pessoas que foram extremamente importantes para mim nas situações mais inusitadas: escolhendo livros na seção de fotografia de uma livraria, na festa de aniversário da avó de uma amiga ou tomando um café na padaria — somente para citar alguns exemplos. Todas essas ocasiões têm três coisas em comum: eu estava sozinha e bem resolvida com minha solidão, não estava desesperada em busca de ninguém e meu celular estava muito bem guardado dentro da bolsa.

Conte pra mim, mulher: qual é sua relação com a solidão?

Este é o momento ideal para refletir sobre a forma como você tem lidado com sua solidão. Pense bem: estar sozinha é um prazer ou um castigo? Por quê?

SONHOS QUE NÃO CABEM EM CASTELOS

O mundo de uma mulher que sabe o que quer e tem seus próprios planos é grande demais para caber nos limites de uma vida convencional.

Como um reflexo de nossa sociedade, durante muito tempo os contos de fadas exaltaram a suposta impotência feminina e a incapacidade da mulher de ser a protagonista da própria história. Nessas narrativas, ela está sempre à espera de um príncipe encantado que, atraído por sua beleza, possa resgatá-la do seu vazio existencial e dar algum sentido à sua vida ao torná-la uma dona de casa de luxo. Esses contos atravessaram gerações, contribuindo para a formação do nosso repertório sobre os papéis limitantes de gênero por meio da exaltação de um ideal de masculinidade tóxica e reforçando constantemente essa ideia da beleza da mulher como moeda de troca — afinal, somente aquelas consideradas belas conquistariam o direito de serem "salvas" pelo príncipe. Com isso, me pergunto: quantas meninas ao redor do mundo cresceram acreditando que a beleza seria o passaporte para o amor e a felicidade?

Por meio do nome da protagonista, o conto *A Bela e a Fera*, por exemplo, faz uma alusão direta à beleza como um fator essencial para se viver uma grande história de amor. Mas, quando analisamos com cuidado o enredo dessa história, verificamos que não é somente o título que nos apresenta questões alarmantes e dignas de nota. Logo nos primeiros momentos da narrativa, a Fera faz o pai de Bela prisioneiro, levando-a a trocar a própria liberdade pela do pai, o que nos remete à normalização da figura da mulher como moeda de troca — um acontecimento muito frequente ao longo da história. Ao aprisioná-la, a Fera, automaticamente, anula a liberdade de ir e vir da moça, uma característica muito marcante no contexto dos relacionamentos abusivos.

Ao longo do conto, Bela é diversas vezes tratada de forma agressiva e violenta pela Fera e, ao tentar fugir do castelo para escapar dos domínios do seu malfeitor, é surpreendida por lobos, em uma passagem que transmite uma mensagem bastante clara: ao tentar fugir do contexto de uma relação abusiva, a moça encontrou perigos ainda maiores do que aqueles aos quais estava exposta dentro do castelo, contribuindo para que os conceitos de "prisão" e "proteção" se confundam.

Quando a Bela está prestes a ser atacada pelos lobos, a Fera, providencialmente, aparece para salvá-la do perigo, mas acaba se machucando. Assim, ele ganha sua prisioneira de volta, já que a moça — sentindo-se culpada e arrependida — decide retornar à sua prisão por livre e espontânea vontade para cuidar dos ferimentos dele. Posicionando a busca pela liberdade como algo perigoso, a mensagem que fica é a de que a mulher está mais protegida dentro de uma relação abusiva do que fora dela e que, ao tentar fugir dos domínios de alguém como a Fera, será punida de alguma maneira, tendo ainda de conviver com a culpa decorrente das consequências de seus atos.

Mas é claro que a Bela — com todo o seu "jeitinho feminino" — acaba conquistando o coração da Fera e consegue reverter o feitiço que, no passado, havia convertido um belo príncipe naquela fera assustadora. Mais uma vez, a mensagem simbólica transmitida é a de que a mulher — com todo o seu amor e carinho — é capaz de transformar em um príncipe até mesmo o mais violento dos homens. As músicas são lindas, a história é bem contada e, no final das contas, quando sobem os créditos, o que fica é a certeza de que é totalmente normal agir como a Bela: aceitar ser prisioneira de um homem tóxico, violento e possessivo e, com sua beleza e delicadeza, conquistar seu coração, transformando-o em alguém melhor. Poderíamos passar uma tarde falando sobre as histórias e personalidades de ambos os personagens — a começar pela razão que levou a Fera a ser alvo desse feitiço: sua falta de bondade e empatia —, mas não precisamos nos alongar muito mais para entender que o personagem nada mais é do que um grande "boy lixo", desses que precisamos evitar a todo custo.

A Bela e a Fera é uma história que resume muitos casamentos que existem por aí: é o caso da mulher que se casa com um homem machista, violento e abusivo, acreditando que será capaz de fazer dele alguém melhor, como se esta fosse sua responsabilidade. Mas não é isso o que escutamos o tempo inteiro? Que fulano precisa mesmo é de uma boa mulher que possa "consertá-lo"? Nisso, amigos e familiares despejam nas costas dessa mulher toda uma responsabilidade fora de contexto, como se fosse papel dela "salvar" aquele homem de si mesmo. E é assim que muitas entram em relacionamentos tóxicos, na expectativa de transformar aquela pessoa em alguém melhor e, como recompensa, conquistar o direito de viver seu próprio conto de fadas. Quase sempre, essas mulheres acabam, contudo, vivendo histórias dignas de filme de terror.

Não quero dizer com isso que a culpa de todos os relacionamentos abusivos que existem é dos contos de fadas; a questão é que a forma como essas histórias são contadas reflete os valores do seu próprio momento histórico, contribuindo para sua perpetuação — daí a razão e a necessidade das releituras, que, de tempos em tempos, atualizam essas narrativas de acordo com as transformações do mundo. Particularmente, tenho adorado as releituras atuais dos contos de fadas, que estão cada vez mais frequentes e são importantíssimas para que as crianças das novas gerações cresçam com valores diferentes daqueles com os quais nós crescemos e que o tempo inteiro trabalhamos para desconstruir.

E quando o assunto são os contos de fadas contemporâneos adaptados ao cinema, estamos vivendo um momento bonito, com Halle Bailey fazendo uma linda Ariel negra em *A pequena sereia* e Billy Porter como Fada Madrinha da personagem principal em *Cinderela* — que, aliás, está lindamente representada pela cubana Camila Cabello, uma mulher latino-americana no papel de protagonista. Ao mesmo tempo que tenho ouvido muitas pessoas reclamando desse novo cenário inclusivo — em que mulheres, negros, latinos e pessoas LGBTQIAPN+ se tornaram protagonistas não só nas telas, mas na vida real —, também vejo o quanto a presença cada vez maior da diversidade em nossas vidas tem contribuído para normalizar algo que deveria ter sido assim desde sempre: o direito fundamental e universal a um lugar de fala e ao protagonismo para todos, sem exceção.

Mas, no que se refere ao papel da mulher especificamente, atualmente vemos que muitas já não estão mais preocupadas em se tornar princesas ou ter um príncipe para chamar de seu; a partir do momento que elas assumem o protagonismo de suas vidas, cheias de planos e sonhos para realizar, a ideia de reinar em um castelo se torna pequena demais para quem sabe que há um mundo inteiro lá fora esperando para ser desbravado. A própria Cinderela vivida por Camila Cabello é consciente de que pode vencer na vida sem ter um príncipe ao seu lado; ela sonha em ser estilista e, mesmo apaixonada pelo rapaz, está disposta a abdicar desse amor para correr atrás dos seus sonhos e da sua carreira. E, se até poucos anos era ela quem abdicava de tudo para viver a vida do homem, o filme apresenta um outro cenário: é ele quem renuncia à coroa para acompanhá-la na realização dos seus sonhos e, ao fazer isso, ele abre espaço para que a sua irmã seja coroada rainha. Bingo! Não é só a Cinderela que se torna a grande protagonista de sua própria vida, mas também a irmã do príncipe, que passa a ter a oportunidade de realizar seu sonho de governar. Aliás, este é um ponto que também está presente na nova versão de *Aladdin*, em que o sultão transfere seu poder para a filha Jasmine, que, como sultana, se torna capaz de anular a lei que a obrigaria a se casar com um príncipe, para então viver sua história de amor com Aladdin, um plebeu.

E é claro que, quando falamos sobre as princesas dos contos de fadas, não podemos nos esquecer das princesas da vida real, que também entenderam que reinar no ambiente doméstico de um castelo era muito pouco para elas. Ao quebrar todos os protocolos possíveis e impossíveis na realeza britânica, Lady Di, por exemplo, inspirou pessoas no mundo inteiro ao mostrar que o espaço da mulher é onde ela quiser estar. De forma pioneira, ela nos ajudou a reconstruir a imagem que temos dessa personagem, comprovando que, mesmo uma princesa de verdade, não precisa ser fragilizada, incapaz e salva por um príncipe, afinal, em muitas dessas histórias, as personagens nos ensinaram que precisavam ser carregadas no colo, porque, simbolicamente, não seriam capazes de andar com as próprias pernas; outras, que seria preciso se mostrar frágil e indefesa — ou até mesmo estúpida — para ser amada.

Finalmente, é preciso reconhecer e valorizar que essas releituras atuais dos contos de fadas só se tornaram possíveis porque no mundo real existem mulheres dispostas a questionar seus papéis de gênero e buscar uma história diferente daquelas que, aparentemente, já estavam escritas para nós. Mulheres como você e eu que, neste exato momento, estão conversando, refletindo e questionando.

Conte pra mim, mulher: você consegue reconhecer em si mesma ou nas pessoas próximas a você alguma influência dos contos de fadas na construção de seus papéis de gênero?

Este é o momento ideal para refletir sobre a influência e a presença das crenças disseminadas pelos contos de fadas tradicionais — ou de suas releituras — no seu contexto.

SE PODE SER SUBSTITUÍDO POR *DELIVERY*, COM CERTEZA NÃO É AMOR

Acredite: a vida a dois pode ser muito mais do que uma sociedade nos boletos e nas obrigações do dia a dia.

Dia desses, estava entrando em casa quando uma vizinha — uma senhora que ficou viúva há alguns anos — me parou para conversar. Ela me contou que estava a caminho do depósito para comprar uma lâmpada, pois estava sem luz na sala, e, em um tom de lamento digno de cena de novela mexicana, disse: "Quando essas coisas acontecem, me lembro tanto do meu falecido marido... Que falta faz ter alguém pra trocar uma lâmpada!". Na sequência, ela passou a descrever todas as habilidades do marido para pequenos reparos, e eu, que conhecia um pouco da história do casal — e sabia que o casamento não havia sido grande coisa —, me peguei pensando no quanto é triste uma pessoa morrer e deixar pouca coisa para trás além da saudade dos serviços domésticos que prestava.

Esse tipo de comentário não é incomum. Quantas vezes você ouviu pessoas dizerem que sentiam falta da comida da finada esposa ou da habilidade do finado marido para pintar uma parede, sem que fosse exaltada alguma virtude ou um fragmento da personalidade daquele ser humano que fazia dele alguém único e especial? Sempre que ouço algo assim, confesso que me dá um calafrio pensar que a falta de afinidade entre as pessoas pode levar alguém a resumir as qualidades do outro a coisas que qualquer prestador de serviço seria capaz de fazer.

Durante muito tempo, os papéis de gênero ditaram a divisão de responsabilidades e tarefas da casa. Nesse arranjo tradicional, as mulheres cuidariam da cozinha e da limpeza, enquanto os maridos ficariam responsáveis por tudo aquilo que envolvesse o carro da família — da direção à revisão — e por todos os pequenos reparos necessários à manutenção da casa. Mas, em tempos em que a mulher dirige o próprio carro — enquanto lava-louças e aspiradores robôs dão conta de manter a limpeza da casa em dia —, penso que esses papéis estão ficando cada vez mais ultrapassados. Ainda assim, é possível identificar em muitos núcleos religiosos e sociais um incentivo à manutenção desses papéis de gênero arcaicos, que limitam espaços e engessam rotinas.

Se você, contudo, pensa que relações sustentadas na base da troca de serviços domésticos são coisas do passado, saiba que elas continuam sendo uma realidade na vida de muitos casais. Assim como conheci mulheres que, mesmo insatisfeitas com seus casamentos, decidiram permanecer na relação porque o marido desempenhava brilhantemente o papel de motorista dos filhos, já vi também muitos homens acomodados às suas relações falidas por medo de terem de cuidar das próprias roupas ou da alimentação em caso de separação. E, por falar em alimentação, há coisa mais fora de moda do que aquele discurso de que a mulher precisa "prender o homem pelo estômago"? Confesso que passo mal todas as vezes que ouço isso saindo da boca de alguém, afinal, a pessoa está buscando um amor ou fazendo processo seletivo para abrir um restaurante? Com tantos motivos nobres que podem nos unir a alguém, colocar uma necessidade básica como a alimentação no topo da lista é, no mínimo, absurdo. E se a questão é providenciar comida, basta se cadastrar num aplicativo de *delivery* ou encomendar marmita congelada com alguém — ainda mais hoje, quando todo mundo parece ter um amigo que vende a tal "marmita *fitness*".

Para aqueles que conseguem deixar de lado essas imposições e expectativas, o resultado pode ser libertador. Em um momento em que o homem já não tem mais a obrigação de ser o motorista da casa para comprovar sua masculinidade, cada vez mais tenho visto amigos assumirem que nunca gostaram de dirigir e trocarem seus carros pelo serviço de táxi ou aplicativo. Sem o peso da obrigação histórica de cuidar da alimentação de todos, também tenho visto muitas amigas abrirem espaço nas cozinhas para que outros membros da família possam explorar suas habilidades culinárias. Quando conseguimos superar o peso dos papéis de gênero, o resultado é um dia a dia mais fluido, em que cada um tem a chance de exercer os papéis com os quais sente afinidade, tornando a rotina conjugal e familiar muito mais leve e feliz.

Além do mais, no contexto do mundo contemporâneo, em que muitas pessoas vivem sozinhas, é preciso que homens e mulheres aprendam a desenvolver minimamente aquelas atividades que fazem parte de suas rotinas, para que não ajam como adultos mimados e dependentes que buscam em seus relacionamentos alguém capaz de cuidar de suas necessidades básicas. Penso que toda mulher que dirige deveria, por exemplo, conhecer um pouco sobre o funcionamento do seu veículo, a fim de identificar possíveis problemas mecânicos ou elétricos e lidar com os imprevistos que possam acontecer no caminho de volta para casa. Para quem tem interesse, existem atualmente escolas e oficinas que oferecem cursos exclusivos para mulheres, isentos dos preconceitos e da hostilidade que durante tanto tempo nos mantiveram distantes desse universo. Ao mesmo tempo, penso que todo homem deveria aprender a programar uma máquina de lavar roupas ou cozinhar alguns pratos básicos para suprir as necessidades do seu dia a dia. Para quem não teve a chance de aprender dentro de casa, basta se matricular em um curso de culinária básica ou recorrer a um dos milhares de vídeos disponíveis na internet.

Lembro que, quando criança, nós tínhamos uma vizinha que, depois de separada, batia na porta de casa pedindo a ajuda do meu pai sempre que precisava trocar a resistência do chuveiro, a válvula da descarga ou um botijão de gás. Eu achava aquela dependência tão incômoda que olhava para ela e prometia a mim mesma que jamais seria como aquela mulher. Como realmente me tornei essa mulher que sabe fazer de tudo um pouco na manutenção da própria casa, certa vez tive a infelicidade de ouvir uma psicoterapeuta dizer que a mulher que exerce esse tipo de função em casa está condenada a ficar sozinha, porque "não está deixando espaço aberto para o homem desempenhar suas funções". Só lamento que esse tipo de discurso machista e totalmente enraizado nos estereótipos de gênero ainda faça parte da rotina profissional de outros tantos psicoterapeutas, que levam suas próprias crenças e limitações para o campo do atendimento.

Quando nos damos conta do privilégio que é viver num tempo em que podemos ser muito mais do que simples prestadores de serviços na vida daqueles com quem compartilhamos o mesmo teto, percebemos que a união entre seres humanos pode ser uma experiência muito mais rica e interessante do que foi para a vizinha sobre quem falei no início desta conversa, por exemplo. Hoje, temos a chance de construir relações sólidas sobre as bases de uma bela parceria, sustentadas pelas afinidades que nos fazem querer desbravar caminhos em comum, pavimentados pelo amor e pela admiração mútua. Portanto, pense bem: se as funções que seu companheiro ou sua companheira desempenha em sua vida atualmente se resumem àquelas que facilmente podem ser substituídas por *delivery*, por um marido de aluguel, por uma faxineira ou perueiro, é hora de repensar a função dessa relação nas vidas de vocês.

Conte pra mim, mulher: você já conheceu ou vivenciou algum relacionamento no qual parecia haver mais espaço para as questões práticas da rotina do que para o amor e o desenvolvimento de ambos?

Este é o momento ideal para refletir sobre os modelos de relacionamento que existem no seu núcleo social e familiar, a fim de compreender como essas influências normalizam o modelo de relacionamento em que a vida a dois gira em torno exclusivamente da manutenção do dia a dia.

A VÍTIMA É INOCENTE, MAS A FAMÍLIA NEM SEMPRE É

Por trás de situações em que a prática do abuso sexual é constante e recorrente, normalmente existe uma família que, com o seu silêncio, consente.

Todos se lembram de Medusa como aquele monstro horrendo da mitologia grega, capaz de transformar em pedra quem tivesse a infelicidade de cruzar seu caminho, mas poucas pessoas conhecem a história da mulher que existiu antes do monstro, quando ela era apenas uma jovem que havia sido escolhida por Atena — deusa da sabedoria e das artes — para ser sua guardiã. A beleza de Medusa chamava a atenção de deuses e mortais, que, a todo momento, tentavam de alguma maneira seduzi-la. Como era uma sacerdotisa a serviço da deusa, ela precisava preservar sua castidade, então cumpria rigorosamente suas tarefas diárias sem alimentar as esperanças dos homens que a desejavam.

Poseidon — o deus dos mares e oceanos — era um desses homens que tanto a desejavam e assediavam. Um dia, inconformado em ser repetidamente rejeitado pela jovem, ele deixou as profundezas do oceano em direção ao templo de Atena e, quando viu Medusa sozinha, a estuprou.

Ao encontrar Medusa chorando, machucada e com as roupas rasgadas, Atena quis saber o que havia acontecido, e a jovem — esperando compreensão e acolhimento por parte da deusa da sabedoria — relatou que tinha sido vítima de Poseidon. Quando soube que sua sacerdotisa havia perdido a virgindade — ainda que fosse em decorrência de um ato criminoso e violento —, a deusa ficou irada com a jovem e culpou-a pelo acontecimento. Como forma de castigá-la, Atena transformou as mechas onduladas dos cabelos de Medusa em cobras e a amaldiçoou para que todos aqueles que olhassem nos seus olhos, imediatamente, se transformassem em estátuas de pedra.

Não é à toa que, constantemente, a Psicanálise recorre à mitologia para explicar nossos comportamentos.

Os mitos guardam em si um conjunto de valores e crenças que vêm sendo transmitidos ao longo dos séculos e ditam, até os dias de hoje, as bases da nossa cultura e do nosso comportamento. O mito da Medusa, por exemplo, trata-se de uma narrativa claramente atual, pois ainda é frequente vermos vítimas serem apontadas como culpadas pela violência sofrida, enquanto o papel do agressor é minimizado ou até mesmo anulado. Ao punir a vítima em vez de castigar Poseidon — que permanece impune pela violência praticada —, a deusa — mesmo com toda a sabedoria a ela atribuída — valida e endossa aquele ato de violência praticado pelo homem. Com que frequência ainda vemos as vítimas de estupro — que deveriam ser amparadas e acolhidas — sendo responsabilizadas, como se suas roupas, as formas do seu corpo ou sua beleza tivessem atraído o abusador?

E, por falar no tema, o mito também traz uma questão que precisa ser observada com atenção, que é a ideia da beleza como bênção ou maldição. Se esse ideal vem sendo vendido para nós há milênios como um item essencial para uma vida feliz — afinal, há muitos que ainda tentam nos convencer de que somente a mulher considerada bonita (de acordo com os padrões vigentes, é claro) tem o direito de ser amada e desejada —, na mesma medida, a beleza também nos é apresentada como algo a ser temido. Isso acontece porque as mesmas características passíveis de atrair um bom marido também poderiam causar disputas e despertar desejos capazes de levar ao crime e à violência. De acordo com esse pensamento, a mesma mulher que é celebrada pela sua aparência física, naturalmente, mereceria ser punida em razão de seus atributos físicos terem despertado desejo e luxúria. É por isso que, ao transformar Medusa em um monstro, Atena, além de puni-la e responsabilizá-la pela violência sofrida, simbolicamente, também está nos dizendo que as mulheres que não forem belas não merecem ser amadas, desejadas e nem mesmo violentadas.

Já ouvi mulheres de todas as idades dizerem que não se permitem vestir as roupas das quais gostam ou mesmo comprar sapatos e maquiagens que despertam sua atenção, pois têm medo de parecerem mais bonitas e, com isso, acabarem sendo estupradas. Ouvi também relatos de outras tantas que encontraram na obesidade uma forma de proteção, como se o fato de não estarem magras pudesse protegê-las de um possível abuso. Essas crenças nos fazem ter medo do nosso corpo — e dos males que ele pode nos causar —, nos impedindo de vivenciar a leveza e a segurança que emana de uma autoestima bem resolvida. Se você pensa dessa maneira, lembre-se de que estupro é uma prática abominável e criminosa, que não considera aparência, idade ou situação da vítima; o tempo todo, crianças, idosas, pessoas com deficiências físicas ou mentais sofrem abusos sexuais. E é preciso lembrar também que as mulheres e meninas não são as únicas vítimas de abuso sexual; meninos também são violentados nas ruas ou dentro de suas próprias casas.

Apesar de tantas vítimas ainda serem tratadas da mesma forma que Atena tratou Medusa, esse cenário vem se transformando com uma força cada vez maior. Com a possibilidade de denunciarmos casos de violência e, principalmente, de sermos ouvidas pela justiça, pela mídia e pela sociedade, temos visto surgir um crescente número de denúncias de assédio, estupro ou violência sexual praticados por artistas, políticos e líderes religiosos. Como muitas denúncias estão sendo feitas décadas depois de terem acontecido, eu ainda escuto muitas pessoas questionarem sua veracidade e validade por terem vindo à tona tantos anos depois. A questão é que a lei mudou há pouco tempo. A Lei Maria da Penha, por exemplo, foi sancionada no ano de 2006 e, antes dela, não havia legislação específica para amparar a vítima e punir o agressor em casos de violência contra a mulher. O cenário mudou, incontáveis histórias estão emergindo, e é fundamental que isso aconteça para que consigamos nos libertar de uma vez por todas desse estigma da vítima que merece ser punida — seja pela sociedade ou pela culpa que impomos a nós mesmas após sofrermos algum tipo de violência.

Essas denúncias estão, finalmente, descortinando uma prática repulsiva que há milênios foi aceita em silêncio. Engana-se, contudo, quem pensa que o maior problema aparece nos noticiários; ao contrário do que nós aprendemos, na maior parte do tempo, a violência não está nas ruas, mas dentro de casa. Apesar da subnotificação, o Anuário Brasileiro de Segurança Pública 2024, concluiu que, dos 83.988 casos de estupro registrados no período, em 84,7% dos casos o autor era conhecido da vítima — ou seja, pais, padrastos, tios, avós, vizinhos; em 88,2% dos casos as vítimas eram do sexo feminino; 61,6% tinham até 13 anos de idade; 76% das vítimas eram vulneráveis, incapazes de consentir.

No Amazonas existe a lenda dos botos, que, à noite, se transformam em homens para seduzir e engravidar meninas. Até hoje, muitas famílias se amparam nesse mito inverossímil para justificar abusos sexuais que acontecem dentro do próprio núcleo familiar. Como, frequentemente, o abusador também é o responsável financeiro pela casa, o medo de perder seu provedor leva muitos familiares a silenciarem diante das violências que suas meninas sofrem, transferindo a responsabilidade do crime para um animal inocente. Infelizmente, não é preciso ir até o Amazonas para encontrar histórias de abuso e silêncio como essa; há famílias inteiras que, para não lidarem com o tema, preferem fechar os olhos para os efeitos devastadores da permanência de um abusador dentro dos seus núcleos. São mães, tias e avós que conhecem bem os cantos mais obscuros de suas casas, mas se calam porque têm medo ou por acreditarem que, hierarquicamente, aquele homem está acima delas. Ou porque aprenderam que "vida de mulher é assim mesmo".

Conte pra mim, mulher: sob qual ótica a questão da violência sexual foi apresentada a você ainda nos seus primeiros anos de vida?

Este é o momento ideal para refletir sobre como esse assunto lhe foi apresentado dentro do seu núcleo familiar, religioso ou social, e sobre as consequências desses pensamentos em sua vida e na relação que você mantém com seu próprio corpo.

VOCÊ NÃO TEM A OBRIGAÇÃO DE ACEITAR NENHUMA "HERANÇA DE EVA"

Para combater os discursos misóginos que o tempo inteiro fazem vítimas, precisamos conhecer e questionar os mitos e as crenças que sustentam suas bases.

Fosse para garantir a manutenção do patriarcado, justificar as chamadas "Guerras Santas" ou as perseguições e os assassinatos cometidos em nome da fé e do poder, é certo que, ao longo dos séculos, os textos sagrados foram incansavelmente modificados para sustentar as decisões tomadas pelas instituições religiosas. E foi com a intenção de seguir convencendo a mulher do seu status de inferioridade em relação ao homem que, em algum momento da História, a primeira de todas as mulheres do Velho Testamento foi apagada de suas páginas. E não, não estou falando de Eva; estou falando de Lilith, a mulher cuja presença nos textos bíblicos atrapalhava o discurso de dominação e supremacia patriarcal amplamente defendido e difundido durante séculos.

De acordo com a versão do mito de Adão e Eva resgatado pelo pesquisador Renato Noguera em seu livro *Mulheres e Deusas*, originalmente, no momento da Criação, Deus teria dado vida a dois seres: Adão e Lilith. Mas, assim que o casal iniciou sua convivência no Paraíso, as divergências começaram a aparecer. Por terem sido criados pelo mesmo Deus e a partir da mesma matéria, Lilith não aceitava e não compreendia as tentativas de dominação por parte de Adão, exigindo ser tratada por ele de forma justa e igualitária. O estopim desse conflito se deu no momento do sexo, quando ela se negou a ter relações exclusivamente deitada sob o companheiro. Por não se sentir inferior a ele, Lilith não aceitou permanecer em uma única posição que simbolizava a sua dominação. Um termômetro importante dos papéis que cada um exerce dentro de uma relação, as posições praticadas durante o ato sexual refletem o comportamento e as intenções do casal, portanto, ao insistir para que a mulher permanecesse debaixo de si, Adão estava apenas estendendo para o sexo sua tentativa de subjugar a companheira, impedindo-a de dividir com ele o protagonismo do ato.

Como os textos foram exaustivamente modificados ao longo do tempo, não se sabe ao certo se nos escritos originais o desfecho da história foi a expulsão de Lilith por Adão ou se ela, descontente, decidiu abandonar o Paraíso por conta própria. A questão é que, independentemente de qual seja a versão original, Adão ficou sozinho após sua tentativa de dominação sobre a mulher. Como sua história poderia inspirar as mulheres a se rebelarem contra o patriarcado, ao longo do tempo e a cada nova tradução, a presença de Lilith foi sendo reduzida até ser apagada dos textos bíblicos, o que explica por que muitas até hoje nunca ouviram falar de seu nome. E foi aí que Eva entrou em cena, acompanhada de uma narrativa que reforçava o discurso da inferioridade da mulher em relação ao homem.

Ao ver Adão triste e solitário, Deus criou Eva, uma figura que, enfim, posicionava a mulher no lugar exato que o patriarcado desejava. Por ter sido criada da costela de Adão — e não do barro, como Lilith —, Eva era naturalmente inferior ao homem, devendo-lhe obediência. Com essa mulher submissa e obediente, o clima de "paz" foi reestabelecido no Éden, até o dia em que ela — por influência da serpente — decidiu provar a maçã, fruto proibido sobre o qual Deus havia alertado o homem. Segundo o texto, Eva teria convencido Adão a também provar a maçã, o que teria provocado a ira de Deus, causando, assim, a expulsão do casal do Éden. Quando isso aconteceu, Deus teria dito a ela em tom de maldição e castigo: "Multiplicarei grandemente a tua dor na concepção; com dor dará à luz filhos; e o teu desejo será para o teu marido, e ele te dominará"[8].

8 Gênesis 3:16.

Por ter supostamente induzido Adão ao erro que gerou a expulsão do casal — e, consequentemente, de toda a humanidade — do Paraíso, Eva passou a representar a ideia de que todas as mulheres são naturalmente manipuladoras e capazes de induzir o homem ao erro. Portanto, ele deveria ter cuidado com todas, pois elas seriam essencialmente perigosas e traiçoeiras. Ao mesmo tempo, como herdeiras de Eva, todas as mulheres carregariam consigo a maldição lançada no momento da expulsão, devendo se contentar em ser submissa e fiel ao seu homem, além de suportar as dores do parto como forma de punição eterna pelo erro cometido por Eva no início dos tempos.

E foi assim que a sociedade passou a associar a mulher ao pecado, derramando sobre ela toda a responsabilidade pelas consequências do Pecado Original, pois, a partir do momento em que foram expulsos do Paraíso, Adão, Eva e todos os seus filhos ficaram expostos aos perigos do mundo: a morte, a guerra, a velhice, a maldade e todas aquelas coisas das quais estavam protegidos até então. Ao culpar a mulher por todas as infelicidades e desgraças do mundo, o patriarcado encontrou uma maneira de justificar a forma cruel e desumana como sempre nos tratou.

E se você pensa que esse tipo de discurso é exclusivo da cultura judaico-cristã, vale lembrar que o patriarcado começou tempos antes de Cristo. Sendo assim, já havia antes disso outras narrativas e outros mitos cuidadosamente construídos com essa mesma finalidade. Se recorrermos à Mitologia Grega, por exemplo, teria sido a leviana curiosidade de Pandora o que a levou a abrir o jarro dado por Zeus, espalhando todos os males do mundo sobre a Terra. Ou seja, o mito da Caixa de Pandora não seria nada além de uma versão anterior do Pecado

Original, alertando a humanidade sobre a natureza supostamente perigosa e leviana da mulher.

Ao associarmos as dores do parto com uma maldição imposta à mulher, trazemos toda uma carga negativa para esse momento tão belo, que nada mais é do que uma manifestação da natureza no seu processo de renovação da vida. Infelizmente, ainda hoje é comum encontrar pessoas que se apoiam nessa narrativa para sustentar as bases do machismo estrutural, acusando a mulher, reduzindo a importância da maternidade e até para embasar o preconceito que existe contra a população LGBTQIAPN+, pois é frequente ouvir pessoas apoiadas na ideia de que Deus criou Adão e Eva e não "Adão e Ivo".

Penso que as religiões deveriam ser caminhos para a construção de um mundo mais justo e igualitário para todos. Contudo, mesmo com a passagem de séculos e séculos, muitos discursos religiosos continuam sendo utilizados como justificativa para o preconceito, para a segregação e para a violência. Basta ver os grupos religiosos extremistas que, ao redor do mundo, têm recorrido a tais narrativas para destilar todo o seu ódio não só contra as mulheres, mas contra as minorias em geral.

Enquanto escrevia estas linhas, li que, no Afeganistão[9], as cabeças dos manequins femininos nas vitrines das lojas estavam sendo arrancadas pelo Talibã, sob alegação de que as figuras femininas seriam ofensivas ao Islã, um ato misógino e violento que denuncia a necessidade que esse e outros grupos têm de combater a mulher — nem que seja através da violência praticada aos objetos

---

9 TALIBÃS ordenam que lojistas arranquem a cabeça de manequins no Oeste do Afeganistão. **O Globo**, Rio de Janeiro, jan. 2022. Disponível em: https://oglobo.globo.com/mundo/talibas-ordenam-que-lojistas-arranquem-cabeca-de-manequins-no-oeste-do-afeganistao-25342334.

inanimados que a representam. E é por essa razão que não podemos nos conformar com os direitos já conquistados, pois ainda há muito a ser feito. Afinal, enquanto você está lendo este livro, inocentes estão sendo apedrejadas, violentadas ou decapitadas pelo simples fato de terem nascido mulheres, assim como você e eu.

Conte pra mim, mulher: conhecendo a história de Eva e de Lilith, com qual das duas você se identifica mais? Por quê?

Este é o momento ideal para refletir sobre os papéis que essas mulheres representam para nós e sobre as consequências dessas narrativas em nossas vidas e em nossos comportamentos.

A GENTE JÁ NASCE SABENDO NASCER

Muito mais antigo do que qualquer conhecimento ou invenção da humanidade, o ato de nascer e a capacidade de dar à luz fazem parte da nossa natureza instintiva.

Após o nascimento de Januária, a imperatriz Leopoldina escreveu uma carta contando que havia tido sua filha em pé, agarrada ao pescoço de seu marido, Dom Pedro I, ou, nas suas próprias palavras, "à maneira dos animais selvagens do mato". Como a austríaca vivia no Brasil, onde a cultura de se fazer o parto deitada não era um hábito enraizado, ela pôde ter sua filha na posição que, instintivamente, sentiu que era a mais adequada e confortável. Mas, caso estivesse na Europa, aquele momento poderia ter sido completamente diferente.

Até o século XVII, as mulheres davam à luz de cócoras, sentadas ou em pé, posições que promovem uma dilatação maior na região pélvica, o que facilita o nascimento do bebê, encurta o tempo do parto e evita complicações. Mas, foi na França, na corte de Luís XIV, que essa realidade mudou. Ao longo de sua vida, o rei teve vinte e dois filhos com diversas mulheres e, como tinha uma fixação pelo momento do parto, assistia a todos para ver seus filhos saindo de dentro de suas mães. Para facilitar sua visão, passou a exigir que os partos fossem realizados na posição horizontal. E foi assim que, por um capricho doentio, essa nova forma desconfortável e perigosa de dar à luz passou a ser imitada pelas mais diversas camadas da sociedade francesa até se tornar um costume que se espalhou pelos quatro cantos do globo. Um ato que ganharia outros significados e outras justificativas ao longo do tempo, dar à luz deitada também é uma tentativa de distanciamento da nossa natureza selvagem, pois, como bem pontuou a imperatriz, quando feito de maneira instintiva, o parto se assemelha ao nascimento dos animais na natureza — uma imagem da qual o ser humano constantemente busca se afastar, na tentativa de rejeitar sua inevitável condição de mamífero.

A partir do momento em que a mulher foi obrigada a se deitar para ter seus filhos, dar à luz deixou de ser um evento regido pela natureza para se tornar um acontecimento cirúrgico. Até então, os médicos não podiam nem mesmo examinar as mulheres — função que era exercida pelos próprios maridos, orientados e supervisionados por um médico —, e os partos eram conduzidos por parteiras da forma mais natural possível. Mas, como a posição horizontal dificultava a saída do bebê e causava uma série de complicações, os partos passaram a ser realizados por médicos, e, imediatamente, começaram a surgir uma série de instrumentos — incluindo o fórceps —, para auxiliar a retirada do bebê e facilitar aquilo que o homem por capricho dificultou.

Pouco a pouco, as parteiras saíram de cena e, ao longo do tempo, o parto se converteu definitivamente em uma intervenção cirúrgica — até desembocar na prática da cesariana realizada em um hospital, acompanhada de todo um discurso sobre o parto normal ser algo "nojento", "perigoso" e "primitivo". É claro que isso também resulta do fato de uma cesariana ser muito mais vantajosa, pois, além de ser um procedimento rápido — em comparação com o parto normal, que pode levar um dia inteiro para acontecer —, é também muito mais lucrativo. Felizmente, temos observado o crescimento de um movimento importantíssimo que assegura à mulher seu protagonismo em todas as etapas do ato de gerar a vida: o parto humanizado.

Com o espaço aberto para o diálogo e a discussão sobre o tema, cada vez mais estamos ouvindo depoimentos e histórias de mulheres que sofreram violência obstétrica. Com essa tomada de consciência, inúmeras denúncias têm surgido, a começar por aquelas que envolvem a coação que a mulher sofre frequentemente ao manifestar sua preferência por um parto normal, quando muitos médicos impõem sua vontade ou a amedrontam para que ela opte por uma cesariana, mesmo nos casos em que não há indicação para esse tipo de intervenção. Já ouvi também diversos relatos de mulheres que, no momento do parto, foram alvo de discursos machistas ou de teor sexual sobre seus corpos ou vítimas do famoso "ponto do marido", uma prática abominável que alguns médicos ainda realizam, pensando exclusivamente no prazer masculino. Para isso, ao suturar a episiotomia, ele dá um ponto além do necessário, a fim de deixar a entrada da vagina mais apertada, trazendo dores e complicações futuras para a saúde da mulher.

Quando o assunto é parto normal, o que não faltam são opiniões e discursos sobre os seus riscos, com base nas experiências de nossas avós e bisavós. Porém, existem alguns pontos que precisam ser considerados, a começar pelo fato indiscutível de que as gestações eram muito mais arriscadas antigamente, pois ainda não existiam exames e acompanhamento pré-natal para garantir a saúde da mãe e do bebê ao longo de todo o período. Além disso, sem condições de evitar a gravidez em um mundo pré-pílula anticoncepcional, as mulheres emendavam uma gravidez na outra, sem que seus corpos anêmicos e enfraquecidos tivessem tempo para se recuperar dos períodos de gestação e lactação, que são extremamente desgastantes para o organismo. Com a saúde abalada pelas repetidas e ininterruptas gestações, muitas acabavam morrendo ainda jovens.

Não podemos nos esquecer também de que a falta de assepsia — associada a crenças e a ritos em que substâncias e pastas de origem duvidosa eram aplicadas no corpo da mulher — também era responsável por muitas doenças e infecções fatais. E se restar alguma dúvida sobre a sabedoria da natureza quando o assunto é nascimento, basta parar para pensar que só estamos aqui porque todos nós já nascemos sabendo nascer, afinal, milhares de anos antes do advento do fórceps ou dos centros cirúrgicos, a vida já acontecia sem pedir licença.

Ciente de que, quando se trata do próprio corpo e bem-estar, é sua vontade que deve prevalecer, a mulher contemporânea tem a possibilidade de pesquisar e se informar durante a gestação. Hoje, não faltam bons livros, documentários, artigos e instituições prontas para oferecerem a informação necessária para que cada uma escolha o melhor caminho para si mesma. E seja lá qual for a decisão final — um parto normal ou uma cesariana —, o importante é que a mulher possa tomar uma decisão consciente, exercendo seu protagonismo e sua liberdade de escolha.

Conte pra mim, mulher: qual é sua imagem e sua ideia sobre a questão do parto?

Este é o momento ideal para refletir sobre suas crenças e experiências relacionadas a este assunto tão complexo e que precisa tanto ser discutido. Mesmo que você não tenha passado pela experiência de se tornar mãe, permita-se refletir sobre o tema recorrendo aos depoimentos e às experiências das pessoas com quem convive.

____

____

____

____

____

____

"NÃO PINTE ESSE ROSTO QUE EU GOSTO E QUE É SÓ MEU"[10]

Usar ou não usar maquiagem, eis a questão. E a única pessoa que pode tomar essa decisão é você.

10 MARINA. Intérprete: Dorival Caymmi. Compositor: Dorival Caymmi. [*S. l.*]: RCA Victor, 1947.

Usada há milênios, a maquiagem já teve diversas finalidades além do uso estético que conhecemos tão bem, incluindo a camuflagem, a indicação do *status* social e a proteção da pele no calor escaldante em tempos pré-protetor solar. Como seu uso era altamente difundido nas antigas civilizações (basta observar a quantidade de estátuas milenares egípcias em que pessoas, deuses e seres aparecem maquiados), ela também foi responsável por milhares de mortes e casos de intoxicação, pois a falta de conhecimento e informação contribuíam para que a maquiagem fosse extraída não apenas de substâncias naturais — como insetos ou argila —, mas também produzida a partir de substâncias tóxicas e nocivas à saúde, como o chumbo e o bromo.

Mas foi durante o Império Grego que seu uso começou a ser associado aos estigmas e preconceitos que perduram até hoje, quando se tornou uma forma de dividir as mulheres em dois grupos: as mães de família e as prostitutas. Enquanto as primeiras usavam maquiagens claras e extraídas do mel, a fim de obterem uma aparência mais corada e saudável, as segundas usavam maquiagens escuras e pesadas, que transformavam seus rostos em verdadeiras pinturas. Na Idade Média, a maquiagem seria definitivamente proibida para as mulheres do povo, ficando seu uso restrito às prostitutas. E as mulheres comuns, que ousassem usar qualquer tipo de maquiagem nesse período, corriam sérios riscos de serem acusadas de bruxaria e condenadas à fogueira.

Coisas são apenas coisas até que alguém lhes atribua um significado, e assim acontece também com as cores. Presentes na natureza desde o início dos tempos, nenhuma delas surgiu com significados ou preconceitos preestabelecidos. Foi a sociedade que, embasada em crenças, conveniências ou convenções, conferiu a elas, ao longo do tempo e por diversas razões, os significados que conhecemos e que não são unânimes, já que variam de uma cultura para outra. Mas de todas as cores da Pantone, a mais polêmica talvez seja a vermelha, pois foi também na Idade Média que seu uso na maquiagem ou na indumentária passou a ser diretamente associado à prostituição.

Considerado durante muito tempo um símbolo de riqueza e poder, o vermelho era uma cor rara, já que a escassez de pigmentos tornava o processo de tingimento extremamente caro, razão pela qual seu uso ficou restrito aos mantos de reis, papas e imperadores. Na Idade Média, contudo, as prostitutas foram obrigadas a vestir uma peça de roupa vermelha para indicar seu *status* e os bordéis passaram a ostentar uma lanterna vermelha em suas fachadas como forma de identificação. E foi assim que o mesmo vermelho que simbolizava a sorte nas culturas orientais — sendo usado até mesmo por noivas em cerimônias de casamento — se tornou no Ocidente uma cor carregada de simbologias relacionadas à imoralidade e à proibição, um sinônimo de pecado, erotismo, luxúria, perigo e paixão.

Ao lançarmos um olhar para a História, veremos que a figura da prostituta sempre causou incômodo e repulsa por representar tudo aquilo que a sociedade reprime e condena de maneira hipócrita. Apesar de ter sido, durante muito tempo, o único grupo de mulheres que tinha autorização para vivenciar o sexo fora da esfera da procriação, não pense que só por isso elas eram mais livres e felizes, afinal, essa vivência não estava direcionada à realização do próprio prazer sexual, mas, sim, para suprir os desejos do homem.

Essa ideia deturpada que temos da prostituta como uma mulher mais livre e empoderada se deve ao fato de ser com elas que os homens mantinham uma vida sexual erotizada — já que, com suas mulheres, o sexo tinha como única finalidade a procriação e deveria ser feito como uma obrigação. Por conta disso, as prostitutas precisavam ser personagens capazes de alimentar a fantasia do pecado e da proibição e com elas era permitido realizar tudo o que não cabia no leito conjugal — o que também explica por que tudo aquilo que era destinado a ela ser automaticamente proibido à esposa, que, por sua vez, não poderia usar nenhum tipo de roupa, cor ou maquiagem que incitasse o pecado. Portanto, não vamos cometer o erro de dizer que havia algum tipo de liberdade sexual na prostituição. A prostituta desempenhava apenas mais um entre os tantos papéis de servidão e subjugação representados pela mulher nesse teatro patriarcal, em que os homens eram os únicos roteiristas e diretores.

Com a ascensão do feminismo, o uso de cores e itens até então proibidos e discriminados foram adotados pelo movimento e se tornaram verdadeiras bandeiras e símbolos de resistência. O próprio batom, por exemplo, se converteu em um símbolo do movimento, pois incomodava e afrontava — principalmente quando escolhidas as cores mais escuras e os tons de vermelho —, tornando-se uma potente bandeira de resistência à dominação masculina. Talvez você não enxergue nenhuma importância no seu batom, pois, para nós, ele é um item banal que faz parte do dia a dia, mas foi necessário percorrer um longo caminho e travar longas batalhas para que, hoje, ele pudesse morar em nossas bolsas.

O batom como nós conhecemos — no formato cilíndrico e giratório — surgiu no início do século XX e foi com o advento dos filmes coloridos que ele passou a ganhar cada vez mais força, já que as mulheres queriam usar os mesmos batons de suas atrizes preferidas. É claro que isso também explica por que as atrizes eram tão atacadas e taxadas de prostitutas, afinal, foram elas que ajudaram a abrir as portas para que hoje tivéssemos poder de escolha sobre aquilo que usamos sobre nossa pele. Foi nessa época também que o desejo pelo vermelho foi ganhando cada vez mais espaço, apesar dos protestos e da indignação da sociedade patriarcal.

Conheço uma senhora que, no início do seu casamento, chegou em casa com as unhas pintadas de vermelho, e o marido — completamente enfurecido ao ver a esposa usando aquela que ele considerava uma "cor de puta" — arrancou o esmalte das unhas da mulher usando uma lâmina de barbear, a fim de lhe dar uma lição e deixar claro que aquela cor não era permitida dentro da sua casa. Conheço outra senhora que, logo após a morte do marido, adotou o vermelho — nas roupas, nas unhas e nos lábios —, anunciando que já não tinha mais na sua vida a presença daquele que censurava seus gostos e suas escolhas. Ela é apenas mais uma entre tantas senhoras que atualmente têm usado vermelho como símbolo da liberdade conquistada, após uma vida inteira de limites e opressão.

Ao longo das últimas décadas, nossa relação com o vermelho tem se transformado, passando a ser usado com maior frequência e liberdade, dando à cor novas intenções e outros significados além daqueles que um dia foram impostos na longínqua Idade Média. Nesse processo, muitas noivas têm trocado os tradicionais vestidos brancos pelos vermelhos, uma escolha que também simboliza o acolhimento e a vivência da própria sexualidade, em vez de seguirem cultuando a castidade que o branco evoca em nossa cultura ocidental.

Para quem nasceu num mundo um tanto mais livre do que aquele que nossas mães, tias e avós encontraram, nem sempre é fácil perceber o valor que tem a liberdade de escolher a cor de nossas roupas, nossos acessórios e nossas maquiagens. Mas, enquanto ainda convivermos com os preconceitos e julgamentos impostos pelo patriarcado, não podemos nos esquecer de que exercer nosso direito de livre escolha sobre as cores que colorem nosso corpo e a nossa pele não é uma futilidade; é um ato político. Então, que me desculpe Dorival Caymmi, mas, se quisermos, nós vamos nos pintar sim e da cor que desejarmos. Porque o rosto e o corpo da mulher são só dela e de mais ninguém.

Conte pra mim, mulher: você já sofreu ou viu uma mulher do seu convívio sofrer algum tipo de preconceito relacionado às cores de suas roupas, de seus acessórios ou da maquiagem? Como você lidou com isso?

Este é o momento ideal para refletir sobre esse estigma ainda tão presente em nossa sociedade em relação ao uso de determinadas cores e sobre alternativas para lidar com esse tipo de situação.

AMOR NÃO É SINÔNIMO DE PRISÃO DOMICILIAR

Não se esqueça de que aquele que ama estimula a autonomia e a liberdade do outro, sem limitar ou sabotar seus planos e movimentos.

Não foram poucas as vezes em que um homem — amigo, familiar, colega de trabalho ou namorado — se chateou por eu não aceitar o ato de abrir a porta do carro para mim. Sei que, à primeira vista, isso pode parecer radical demais, mas essa história de "cavalheirismo" não passa de uma prática machista travestida de cuidado e gentileza, herdada da época em que a mulher era simbolicamente incapaz de fazer muitas coisas, inclusive de se locomover livremente pela vida, pois tudo no seu universo era cuidadosamente construído para limitar seus movimentos — a começar pelo vestuário.

Ao assistirem a filmes de época, muitas mulheres suspiram quando veem aqueles vestidos enormes, que mais parecem bolos de casamento; as mais nostálgicas chegam a dizer que gostariam de ter nascido naqueles tempos somente para poderem vestir aquelas roupas tão elaboradas, cheias de rendas, bordados e pedrarias. Vamos parar com isso! Só diz uma coisa dessas quem não conhece as verdadeiras intenções que existiam por trás da construção daquele vestuário.

Há pouco mais de um século, a opressão e a dominação exercidas sobre a mulher se estendiam ao seu guarda-roupa através de camadas e mais camadas de tecido que impediam o seu livre caminhar. Essas roupas eram acompanhadas de corpetes e espartilhos tão apertados que dificultavam a digestão e a respiração e, consequentemente, diminuíam o ânimo e a disposição da mulher, já que mal-estares e desmaios eram frequentes. Além disso, dentro desses mesmos corpetes e espartilhos — usados para modelarem o corpo de acordo com as formas estabelecidas na época — existiam estruturas rígidas feitas de metal ou barbatana de tubarão que mais pareciam instrumentos de tortura. Esses itens do vestuário feminino foram responsáveis por muitas mortes ao longo da História, pois bastava um movimento mais brusco para que aquela estrutura perfurasse algum órgão, levando, inevitavelmente, aquela mulher à morte.

Então, da próxima vez que você sentir uma ponta de inveja da protagonista de um filme de época por conta da aparente beleza do seu guarda-roupa, lembre-se de que todos aqueles vestidos lindíssimos foram estrategicamente costurados para conter os movimentos da mulher, simbolizando seu aprisionamento e sua submissão aos valores patriarcais. E é por essa razão que nos filmes o príncipe precisa carregar a princesa no colo, afinal, ela jamais seria capaz de correr usando um vestido daqueles — ainda que sua vida estivesse em jogo naquele momento. E é claro também que a mulher precisava de ajuda para sair de uma carruagem ou até mesmo para caminhar pelas ruas, porque a estrutura das roupas não permitia que ela se movimentasse sem auxílio. Uma vez que não usamos mais essas armaduras em forma de roupa, a necessidade de abrir a porta do carro só se justifica se você for um manobrista, que está ali para prestar um serviço e ser gentil com homens e mulheres, ou se a pessoa tiver algum tipo de deficiência física ou mobilidade reduzida.

Como no mundo capitalista tudo gira em torno do capital gerado pelos meios de produção, o guarda-roupa feminino começou a se transformar somente com a chegada da mulher à indústria, pois a necessidade de sua mão de obra nas fábricas exigiu que as roupas se tornassem mais leves, soltando seus membros e movimentos para que o trabalho pudesse ser realizado de maneira rápida e eficiente. Foi nessa época também que corpetes e espartilhos começaram a sofrer transformações — já que as estruturas usadas até então tolhiam os movimentos

—, e, pouco a pouco, a peça seria reduzida até chegar ao sutiã que conhecemos hoje.

Mas se hoje nossas roupas do dia a dia já não são mais feitas para limitar nossos movimentos, infelizmente, ainda existe uma série de discursos e atos que cumprem essa função. Não são poucas as mulheres independentes que acabam se deixando levar por eles, cultivando medos que as tornam completamente dependentes e submissas, tornando-as presas fáceis para abusadores. E é claro que não estou falando apenas de relações amorosas heterossexuais, mas também dos discursos que permeiam muitas de nossas relações familiares e sociais, que, baseados em uma falsa ideia de fragilidade feminina, buscam limitar as ações e os movimentos da mulher para dominá-la ou tirar algum proveito dela.

Tive um personagem na família que era um homem extremamente infiel; ele traiu a esposa com todas as vizinhas e chegou a ter um filho com uma delas. Cansada daquela realidade, em uma atitude muito à frente do seu tempo, ela, um dia, decidiu colocá-lo para fora de casa. Entendendo que o fato de ser ela uma mulher independente, que tinha amigas e uma vida fora do ambiente doméstico, havia "atrapalhado" sua rotina de visitas às camas vizinhas, ele, ao se casar pela segunda vez com uma estrangeira e a fim de não repetir o mesmo "erro", logo tratou de convencê-la de que o Brasil era um lugar extremamente perigoso, onde as pessoas tinham o hábito de matar estrangeiros. Assim, a nova esposa — que até então tinha uma profissão e seu próprio dinheiro — passou a viver voluntariamente enclausurada dentro de casa com medo de ser morta por algum brasileiro xenofóbico. Como não tinha nenhum parente aqui, ela ficou completamente vulnerável e exposta aos discursos e às ações do marido. Durante as décadas que viveram juntos, ele passava dias fora de casa com suas amantes, mas, antes de sair, instruía a esposa a deixar as janelas fechadas e não abrir a porta para ninguém. Enquanto ela cultivava seus medos entre quatro paredes, ele garantia a liberdade de bater ponto nas camas das vizinhas sem causar problemas em casa.

Como o mundo dá voltas, na velhice, ele passou a crer nas próprias mentiras que havia inventado e acreditar que era vigiado pelos vizinhos e que estes queriam matá-lo — uma história que mais parece roteiro de filme de terror. Lembro-me de que, na única vez em que o vi, pouco tempo antes de sua morte, ele repetia insistentemente que havia um laser vigiando cada passo seu. O "laser" que ele enxergava nada mais era do que a iluminação pública da rua.

Nessa história, que é quase uma fábula na qual o feitiço vira contra o feiticeiro, o saldo foi muito negativo para ela, que viveu uma vida infeliz e completamente afastada do trabalho e das pessoas. Ao ficar viúva numa idade bastante avançada, ela já não tinha mais nenhum contato com amigos ou familiares de sua terra e passou o restante dos seus dias dependendo do auxílio dos familiares do finado marido — um final triste para quem um dia teve independência e liberdade.

Qualquer mulher que não tome o devido cuidado pode acabar, em um momento de fragilidade e solidão, se deixando levar por discursos e ações capazes de encarcerá-la em uma casa ou em uma relação, exatamente como aconteceu com essa senhora. E falar sobre isso me fez lembrar do caso de uma colega que, nas raras vezes em que decidia sair sem o marido, era bombardeada por ligações a cada meia hora, em que ele, alegando estar com "saudade", perguntava como ela estava e quanto tempo demoraria para voltar. Sentindo-se pressionada, ela se deixava vencer pelo cansaço e voltava para casa depois de duas ou três ligações. Apesar de minha colega sempre insistir que aquilo era apenas "excesso de cuidado", ficava muito claro que aquele comportamento do marido era uma forma de controlar cada passo que ela dava.

Típico das relações abusivas, comportamentos como esse têm a intenção de afastar a pessoa de amigos e familiares, reduzindo, pouco a pouco, seu universo até ele se tornar um pequeno planeta habitado apenas pelo casal e no qual o abusador tenha liberdade para reinar absoluto e exercer plenamente seu domínio. Nesse processo, a fim de desestimular o exercício da vida social, cada compromisso se torna um bom motivo para um conflito e todas as pessoas próximas, que aos olhos do abusador exercem algum tipo de influência no pensamento ou no comportamento da vítima, passam a ser alvo de críticas e intrigas cuidadosamente tecidas com a intenção de promover rompimentos e afastamentos. Quando a vítima não abre os olhos a tempo, o abusador consegue — com essas pequenas ações repetidas ao longo da convivência — isolá-la de tudo e de todos, garantindo, assim, que não haverá a interferência de ninguém que possa alertá-la sobre os abusos sofridos.

Lembre-se, mulher: quem ama de verdade não corta suas asas. O amor estimula a independência e a autonomia, pois o desejo de quem ama é ver a pessoa amada crescer e voar cada vez mais alto. Portanto, não deixe que ninguém tente convencê-la de que você é frágil pelo simples fato de ser mulher nem permita que cultivem medos em sua mente e no seu coração. Por último, esteja sempre atenta às dinâmicas das suas relações: se você perceber que elas se assemelham a uma prisão domiciliar, fuja enquanto é tempo.

Conte pra mim, mulher: você já foi vítima de alguma situação em que precisou brigar para manter sua liberdade de ir e vir?

Este é o momento ideal para refletir sobre as situações em que você viu sua liberdade ser tolhida ou questionada por pessoas próximas. Ao buscar essas lembranças na memória, pergunte-se: você percebeu essa situação imediatamente ou levou algum tempo para se dar conta das intenções que embasavam tais discursos ou ações?

MUITO ALÉM DAS MUSAS

Nos dias de hoje — quando a mulher finalmente conquistou o direito de ser protagonista de sua própria história —, se for para ser musa, que seja por opção e nunca mais por imposição.

Foi ao longo dos anos estudando música no Conservatório que senti despertar em mim o impulso para a pesquisa musical, tema que deu origem a diversos livros que escrevi nesse universo biográfico que ainda é tão masculino em termos de autoria. Nesse processo, estudando os maiores compositores eruditos nas aulas de história da música, que faziam parte da densa grade curricular dos estudos de piano clássico, não tardou para que eu notasse que, no universo desses nomes mundialmente conhecidos, existiam também compositoras talentosas e apagadas pelos próprios contextos históricos. Foi assim, por exemplo, que conheci Maria Anna Mozart — a irmã mais velha de Wolfgang Amadeus Mozart, que, apesar de ter sido reconhecida como jovem pianista prodígio, foi proibida de apresentar-se publicamente ao alcançar a maioridade —; Fanny Hensel Mendelssohn — que, apesar de ser considerada atualmente uma das compositoras mais importantes da história da música erudita, teve, em vida, muitas de suas obras publicadas em nome do irmão Felix Mendelssohn, pois as convenções sociais vetavam o *status* de autora à mulher —; e Clara Schumann — esposa do compositor Robert Schumann, que, apesar de não ter composto um número expressivo de obras devido à sua ocupada vida de mãe e esposa, teve uma história um tanto mais feliz, alcançando certa notoriedade como concertista e pianista.

Posteriormente, nos anos que me dediquei à pesquisa sobre a Bossa Nova para escrever dois livros — *O barquinho vai...* Roberto Menescal e suas histórias[11] e *Essa*

11 FONTE, Bruna. **O barquinho vai...**: Roberto Menescal e suas histórias. São Paulo: Irmãos Vitale, 2010.

tal de Bossa Nova[12] —, me incomodou muito perceber que, apesar de ser um movimento em que havia uma presença muito forte de mulheres, durante muito tempo elas não tiveram sua importância devidamente reconhecida e creditada. Felizmente, essa realidade vem se modificando ao longo dos anos com o surgimento de documentários, filmes e livros que se propõem a revisitar essas histórias, dando às mulheres os seus devidos créditos.

Quando falamos em Bossa Nova, considera-se como data de nascimento do movimento o lançamento de um disco que mudaria para sempre a história da nossa música: *Canção do amor demais*[13], da cantora Elizeth Cardoso, mulher negra que seria responsável por lançar o disco considerado o marco inicial de um dos movimentos mais importantes da música mundial de todos os tempos. Mulher que venceu as barreiras do preconceito de gênero e de raça para chegar aonde chegou, Elizeth, na época, já era uma cantora consagrada, que, naquele disco em especial, dividia espaço com três figuras que ainda não eram, de longe, as estrelas que se tornariam nos anos seguintes: João Gilberto — que vinha tentando a sorte no Rio de Janeiro havia alguns anos —, Tom Jobim — que ainda era um músico da noite que, como ele mesmo dizia, vivia "apostando corrida com o aluguel" — e o poeta Vinicius de Moraes — que na época era diplomata no Itamaraty.

Mas, durante muito tempo, ao se falar no disco, exaltava-se sua importância por ter reunido essa tríade masculina, deixando a grandeza de Elizeth em segundo

---

12 FONTE, Bruna Ramos da. **Essa tal de Bossa Nova**. Rio de Janeiro: Rocco, 2022.

13 CANÇÃO do amor demais. [Compositor e intérprete]: Elizeth Cardoso. [*S. l.*]: Festa/RGE, 1958.

plano. É preciso lembrar que, naqueles tempos, a mulher era frequentemente reduzida à figura limitada de "musa inspiradora" dos homens, alguém a quem a chance de ocupar o lugar de protagonista não era concedida. E foi assim que figuras importantíssimas como Elizeth — que lançou o movimento — e Nara Leão — que, por sua inteligência e seu talento, contribuiu não só com a Bossa Nova, mas com toda a música brasileira — acabaram tendo sua importância fatalmente reduzida e desvalorizada; a própria Nara é citada em muitos textos apenas como alguém que "emprestava o apartamento" para as famosas reuniões da Bossa Nova. Felizmente, os livros, filmes e documentários produzidos e lançados ao longo dos últimos anos têm dado ao público a oportunidade de conhecer mais a fundo a história e a obra dessa mulher, que era grande demais para ser apenas musa.

Comportamento comum em diferentes momentos da nossa história, cabe lembrar que, pouco antes de morrer, John Lennon assumiu que, quando da composição de "Imagine", não creditou Yoko Ono como coautora da música devido ao seu comportamento machista na época, mesmo que a composição tenha sido inspirada em um poema da esposa. O mundo precisou dar muitas voltas para que, em 2017 — quarenta e seis anos após a composição —, Yoko fosse oficialmente reconhecida e creditada como coautora da canção.

Na minha adolescência — quando eu já era uma escritora e feminista em formação —, lembro-me também do incômodo que sentia nas aulas de literatura do colégio, ao perceber que, entre tantos Homeros e Camões, não havia, até certo ponto da História, nenhum livro escrito por mulheres para ser estudado. Como não lhes era concedido o direito a uma vida pública, praticamente não há presença de mulheres na literatura, na política ou nas artes em geral antes do século XVIII, o que não quer dizer que elas não tenham produzido ou criado obras extremamente relevantes.

Se cabia à mulher apenas o papel de musa inspiradora ou auxiliar do marido, quando os seus impulsos falavam mais alto e deles nasciam algum tipo de obra, elas, frequentemente, se viam impedidas de assumir a autoria e o protagonismo de suas criações. E foi assim que muitas mulheres tiveram seu trabalho roubado por pessoas do seu convívio, que se aproveitaram das limitações impostas ao gênero para construir carreiras explorando o talento alheio. É o caso da escritora Mary Shelley, autora do clássico Frankenstein, que, por preconceito dos seus editores, teve, na época da publicação, seu nome real omitido no livro para que o público não soubesse que se tratava de uma obra escrita por uma mulher; da escritora francesa Sidonie-Gabrielle Colette — autora da famosa série de livros autobiográficos Claudine —, que, já no século XX, teve a autoria de seus livros roubada pelo marido, Willy, que também era escritor e publicava os textos da esposa como se fossem de sua autoria; da pintora Margaret Keane, que, durante as décadas de 1950 e 1960, pintou diversos quadros que se tornariam famosos, mas que foram assinados pelo seu marido — o pouco talentoso Walter Keane —, uma farsa que se resolveria somente nos tribunais, quando um juiz resolveu dar tintas e telas a Margaret e Walter a fim de comprovar ao vivo quem era o verdadeiro autor daquelas obras de arte (aliás, essas três histórias são contadas nas imperdíveis cinebiografias *Frankenstein*, *Colette* e *Grandes olhos*).

E se você acha que essa questão do roubo de autoria é coisa do passado, eu mesma vivi uma situação parecida há alguns anos. Uma pessoa, que convivia comigo na época, me pediu para escrever um texto para ser lido especialmente em uma solenidade de final de ano e, ao fazer a leitura na cerimônia, não citou meu nome como autora em nenhum momento. Ao final do evento, eu o vi — a dez passos de mim — recebendo (e aceitando), sem nenhum tipo de constrangimento, os cumprimentos calorosos pelas palavras e ideias que eram minhas. Não preciso nem dizer que essa pessoa já não faz parte da minha vida há muito tempo, né?

Ainda que hoje nós tenhamos a chance de assumir o protagonismo de nossas vidas, carreiras e criações — com autonomia para viver, cantar e publicar nossas próprias histórias —, a falta de contato com os pensamentos e as palavras da mulher, que, durante tantos séculos, foi rotineira, criou um potente cenário de rejeição àquilo que tenhamos a dizer. Essa rejeição está de tal maneira enraizada em nossa sociedade que, frequentemente, nos faz ser atacadas, subjugadas e interrompidas quando tentamos compartilhar nosso conhecimento ou expressar ideias e sentimentos. Enquanto muitos ainda se negam a ler livros ou textos escritos por mulheres, outros tampouco medem esforços para reduzir ou ridicularizar o trabalho realizado por nós.

Como mulher e autora, sei bem que o significado e a aceitação das mesmas palavras variam muito quando são ditas por um homem ou por uma mulher. Sei também que, diariamente, somos expostas ao julgamento e à fiscalização de nossas ideias e de nossos pensamentos. Mas, se quisermos que essa realidade se transforme um dia, não será com o silêncio que iremos alcançá-la. Ainda que o mundo tente, constantemente, abafar a sua e a minha voz, não podemos nos calar.

Conte pra mim, mulher: seja na vida pessoal ou profissional, você já sentiu que uma ideia ou sugestão

sua foi atacada ou rejeitada por ter partido de uma mulher?

Este é o momento ideal para refletir sobre a forma como suas palavras e seus pensamentos têm sido rejeitados ou acolhidos no seu núcleo familiar, profissional e social. Sua voz tem sido ouvida pelas pessoas com quem convive? Como você se sente com isso?

PALAVRAS DA AUTORA E ALGUMAS CONSIDERAÇÕES FINAIS

"Deverá passar muito tempo ainda, a meu entender, para que uma mulher possa se sentar e escrever um livro sem encontrar um fantasma que matar, uma pedra contra a qual bater."[14]

14 WOOLF, Virginia. **Profissões para mulheres**. Tradução e organização: Wagner Schadeck. Rio de Janeiro: Nova Fronteira, 2021. (Coleção Biblioteca Diamante).

Há alguns anos, encontrei um diário de infância em que a menina que fui confessava sentir-se constrangida em escrever, pois as pessoas ao seu redor descobririam seus sonhos e pensamentos mais genuínos, que, provavelmente, não se encaixariam nos planos traçados para a "mocinha" comportada e obediente que esperavam que ela fosse. E, olhando para essa menina, enxergo entre nós uma coleção de fantasmas que precisei matar para que pudesse escrever estas páginas que você, leitora, agora tem nas mãos. Quase um século se passou desde que Virginia Woolf eternizou esse seu pensamento em uma folha de papel, e me parece que ainda não passou tempo suficiente para que possamos escrever ou viver sem encontrar fantasmas pelo caminho — sejam eles reais ou simbólicos, estejam eles no mundo interior ou no mundo exterior.

Tenho um irmão mais novo e penso que ter crescido irmã de um homem foi a grande incubadora que me preparou para toda a desigualdade e verticalidade que eu encontraria em minhas relações profissionais, amorosas e afetivas ao longo do tempo. Não por culpa dele, mas por conta dos diferentes tratamentos que recebemos durante nossa infância e juventude. Dentro do nosso mundinho de irmãos, não enxergávamos diferenças entre nós, ao contrário; como éramos as únicas crianças da família e não havia ninguém mais com quem brincar, criamos o hábito de compartilhar nossas brincadeiras sem que houvesse entre nós nenhum tipo de barreira de gênero. Esse, então, foi um aspecto muito importante na nossa convivência, pois contribuiu para que desenvolvêssemos muitos interesses e muitas afinidades em comum, que, além de nos conectarem como irmãos, fizeram de nós adultos autossuficientes e abertos a vivenciar o mundo sem essas barreiras que o brincar limitado aos estereótipos de gênero impõe.

Mas, se havíamos sido tratados de maneira similar na primeira infância, os abismos começaram a aparecer à medida que crescíamos e ficaram maiores com o passar do tempo. Aos doze anos, meu irmão já havia sido ensinado a dirigir e a pilotar moto, enquanto eu só aprenderia a dirigir aos dezoito anos, quando entrei — sob protestos — na autoescola; aos catorze anos, ele saía sozinho, dormia fora da casa, enquanto eu, aos dezoito — e cursando o primeiro ano da minha graduação —, não tinha liberdade para ir sozinha além da barraca de pastel que ficava na praça da faculdade; ele era incentivado a namorar, enquanto eu ouvia que só deveria me relacionar com alguém após os trinta anos de idade; quando chegavam as férias, ele passava o mês na praia com os amigos, enquanto eu ficava estudando e trabalhando em casa; ele tinha total liberdade para saltar de paraquedas, *bungee jumping* ou praticar os esportes que desejasse, enquanto tive minha matrícula na escola de dança de salão cancelada, porque dançar não era coisa de "moça decente". No mais, ele tinha passe livre para vestir as cores que desejasse e fazer as amizades que quisesse, mas, quando se tratava de mim, tudo era muito controlado, pesado e limitado.

Confesso que foram muitas as vezes em que desejei ter nascido homem como meu irmão, pois gostaria de ter uma vida mais leve, sem o peso de todos aqueles medos e de todas as amarras que faziam parte da minha rotina. Como passei anos ouvindo que ser mulher era "perigoso", acabei desenvolvendo uma verdadeira fobia do meu sexo biológico e dos males que ele poderia, de alguma maneira, me causar. Sempre ouvi que mulheres sozinhas eram alvos fáceis de ladrões ou estupradores e que, para evitar que algo assim acontecesse, eu precisaria ter sempre um homem ao meu lado para me proteger. Mas, apesar dos medos muito bem plantados dentro de mim, eu tinha uma sede tão grande de caminhar sozinha pela vida em busca dos meus sonhos que a ideia de viver dependente de alguém me parecia absurdamente inviável.

Como nunca tive aptidão para submissão nem para opressão, apesar dos tantos medos e das diversas inseguranças que desenvolvi, nunca aceitei aqueles discursos limitantes sem resistência ou sem demonstrar minha indignação. Desde criança, eu era vista como uma verdadeira "encrenquinha" — tanto em casa quanto na escola —, porque lia demais, questionava demais, tinha argumentos demais para justificar meus pensamentos, além de ter uma visão muito clara da vida que eu queria para mim. Sempre encontrei nos livros meus maiores e mais sábios amigos e foi neles que busquei as respostas de que tanto precisava para compreender que meu lugar era onde eu quisesse estar — mesmo que houvesse ouvido o contrário das pessoas que eram mais próximas e importantes para mim.

Aos dezesseis anos de idade, passei a frequentar o ambiente político — que era, naquele momento, um espaço muito mais masculino do que é hoje — e, com isso, pude acompanhar e participar daquele cenário nos quais os movimentos em prol dos Direitos Humanos e dos direitos da mulher estavam se fortalecendo e ganhando cada vez mais espaço. Ao mesmo tempo, comecei a frequentar os meios literários e artísticos, que rapidamente se integraram à minha vida. Nesses espaços, finalmente encontrei um lugar em que minhas inquietações e meus questionamentos eram bem-vindos, e foi através da troca de experiências que conheci outras pessoas que pensavam como eu. Com o passar do tempo — e de muito estudo

—, compreendi que o comportamento da minha família estava fundamentado em questões milenares, que eram muito mais amplas e profundas do que meu pequeno núcleo familiar poderia prever. Eles estavam apenas repetindo discursos e prezando valores que sempre estiveram profundamente enraizados em nossa sociedade. Ao mesmo tempo, havia também grandes traumas e complexos familiares — devido à violência e ao preconceito vividos pelas minhas ancestrais em um mundo onde a mulher não tinha direito algum —, que faziam minha família tentar evitar a qualquer custo que histórias assim se repetissem, sem perceber que os tempos haviam mudado bastante desde então.

Sempre que transformações fundamentais acontecem na nossa sociedade — e ainda que sejam amparadas por lei —, modificar a cultura e o pensamento das pessoas não é algo que acontece de um dia para o outro — muito menos quando se trata de um sistema patriarcal que ainda prevalece durante tanto tempo, conduzindo nossas vidas e determinando nossos papéis durante milênios. Portanto, se considerarmos que no Brasil homens e mulheres somente alcançaram *status* de igualdade perante a lei com a promulgação da Constituição Federal de 1988, nós somos filhas e netas de pessoas que nasceram em um contexto em que a própria legislação assegurava a superioridade do homem em relação à mulher. E olhar para o cenário a partir desse ângulo muda tudo, pois ele explica grande parte das dificuldades que vivemos hoje. Estamos inseridas em um novo mundo, que está sendo desbravado em tempo real por todos nós — homens e mulheres — ao raiar de cada novo dia. Nessa jornada, precisamos estar dispostas a questionar nossos valores e nossas certezas para que possamos compreender a infinidade de lugares que podemos ocupar e também a profundidade dos papéis que hoje podemos desempenhar.

Sempre gostei muito de História e acredito que, seja lá qual for sua pergunta, se você olhar para os acontecimentos passados com cuidado e atenção encontrará ali uma resposta. Então, como se a vida fosse — e talvez ela seja mesmo — um grande quebra-cabeça, passei a buscar em diversos lugares cada uma das peças que eu precisava para compreender minha história como mulher, pois a vida que vivemos hoje resulta da combinação e do acúmulo de uma série de acontecimentos que tiveram lugar muito antes de nós. E foi nessa jornada — e através dela — que eu, a partir dos meus estudos interdisciplinares, das viagens e trocas de experiências, comecei a compreender que não havia nada de errado em ter nascido mulher, pelo contrário; entendi que estava vivendo em um momento da História no qual era possível abrir novos caminhos e transitar por lugares com os quais minhas ancestrais sonharam, mas não tiveram a chance de chegar. E, ao me voltar para as histórias delas, percebi que aquelas dificuldades que eu havia experimentado eram muito mais leves se comparadas com as que elas enfrentaram, pois foram elas as responsáveis por abrir os caminhos para que eu e você pudéssemos passar. A partir de então, ser mulher tornou-se para mim uma bandeira, um propósito e uma missão de vida. Compreendi que, apesar das amarras dessa cultura machista ainda tão presente, é um privilégio ter nascido mulher neste exato momento da História, em que estão ocorrendo transformações fundamentais que possibilitarão às nossas descendentes viverem, a cada geração, uma vida cada vez mais livre.

Inevitavelmente, este caminho também me levou ao estudo da Psicanálise Clínica e da Sexologia, e foi nesse contexto que nasceu meu trabalho com a Escrita Terapêutica, uma metodologia que desenvolvi a partir da combinação entre a teoria psicanalítica e minha experiência como biógrafa. Durante esse período, pude também observar o quanto psicoterapeutas ainda estão presos aos seus próprios preconceitos e às suas visões machistas de mundo; muitos desses profissionais — homens e mulheres — continuam validando e reforçando em consultório todo um conjunto de crenças patriarcais na vida das pessoas. Dessas preocupações e observações nasceu meu trabalho com grupos de mulheres, através de palestras, cursos, aulas, vivências e *workshops* que venho ministrando em instituições e empresas há alguns anos.

Nessa troca enriquecedora com mulheres de diferentes idades, origens e realidades sociais, pude observar de perto quais são as situações e dúvidas mais recorrentes e que estão, de alguma maneira, presentes na vida de todas nós. Ao mesmo tempo, a cada trabalho desenvolvido, se fortalecia minha certeza de que o melhor caminho para promover mudanças sempre foi, e sempre será, a troca de experiências. Enquanto estamos vivendo nossos problemas de maneira isolada, tendemos a acreditar que somente nós passamos por aquele tipo de situação e, com isso, não encontramos forças para nos libertar do que nos faz mal. Mas, ao trocarmos experiências com outras pessoas, descobrimos frequentemente que existem muitas outras mulheres passando por situações similares. Afinal, somos fruto do nosso próprio tempo e de suas particularidades, que, de alguma maneira, atingem todos aqueles que são contemporâneos.

Portanto, este livro é uma coleção de ensaios que resulta dos meus estudos, pensamentos e de minhas reflexões como mulher e profissional. Este é um trabalho que contempla aquelas questões que eu observo serem mais frequentes na vida da mulher contemporânea — e por que não dizer do homem também? Afinal, tenho visto cada vez mais homens se interessarem pelas pautas e questões feministas, lendo e se informando sobre o tema em busca de se tornarem companheiros de vida cada vez melhores para suas mães, irmãs, esposas ou filhas. Estas páginas são um espaço livre para a reflexão, e é por isso que uni a prática da Escrita Terapêutica aos textos: para que você também possa interagir com as ideias e os *insights* que cada um deles se propõe a compartilhar com você, leitora. Trata-se de um livro que não precisa ser lido de forma sequencial e que nasceu para ser um amigo e conselheiro a quem você possa recorrer sempre que precisar, pois é um território neutro, no qual você poderá refletir sobre temas que geram algum tipo de angústia ou desconforto na sua vida.

Este é um espaço pensado também para que possamos refletir juntas sobre nossa forma de agir e sobre o quanto nossas ações podem perpetuar ou transformar a realidade do mundo em que vivemos. É preciso fazer essa reflexão para que, num futuro próximo, nossas relações já não tenham mais "lados", para que possamos entender o mundo como um espaço livre a ser conquistado e vivenciado de forma justa e igualitária por todos, sem as amarras da construção social de gênero que faz de todos nós escravos. Os papéis de gênero, o machismo e a masculinidade tóxica ainda fazem milhares de vítimas a cada ano, então é preciso ter consciência dos danos que eles são capazes de nos causar — tanto na esfera individual quanto social —, para que, enfim, possamos superá-los. Apesar de todas as mudanças, essa longa tradição patriarcal de opressão à mulher está extremamente enraizada em nossa cultura e, frequentemente, nos vemos flertando com esse comportamento; basta baixar um pouco a guarda que um pensamento conservador ou outro começa a ocupar espaço, colocando em xeque todas as conquistas fundamentais das últimas décadas.

Neste livro, não busco apontar vítimas ou vilões. Ele não vem a serviço de propor uma batalha ou uma guerra entre homens e mulheres para ver quem é mais forte — como é o caso de muitos trabalhos que tenho visto que, apesar de se dizerem "feministas", estão muito longe disso. Como expliquei no início, o feminismo visa à igualdade e à equiparação dos direitos sociais e políticos para ambos os sexos, e o caminho para isso não é a violência nem o extremismo. Muitos discursos hoje incitam o ódio e a intolerância entre homens e mulheres, como se a solução fosse investir em um projeto de dominação do feminino sobre o masculino. Definitivamente, este não é o caminho; é uma armadilha, apenas mais uma forma de garantir a manutenção dessa segregação entre homens e mulheres que se iniciou lá atrás, com a instituição do patriarcado.

Compreendendo que somos reflexos do mundo em que vivemos — e que este mundo é, por sua vez, reflexo dos pensamentos que cultivamos, pois são eles que guiam nossas escolhas e ações —, se faz urgente mudar nossa forma de pensar para que possamos agir em prol da transformação do nosso mundo; somente assim, ele será um lugar livre e inclusivo, onde as pessoas poderão conviver de maneira igualitária. Acredito que chegará o dia em que poderemos caminhar lado a lado, de mãos dadas, independentemente do sexo biológico, da cor, raça, do credo, das escolhas ou preferências de cada um.

Finalmente, com essa troca de experiências que pudemos ter ao longo destas páginas, ao compartilhar com você um pouco daquilo que vi, vivi e aprendi, espero ter contribuído para que você também consiga reconhecer e banir alguns desses tantos fantasmas que ainda insistem em assombrar mulheres ao redor do mundo. Ao tirá-los de cena, você verá que a vida pode ser muito mais leve, bela e feliz do que foi até aqui.

Conte pra mim, mulher: quais são os fantasmas que a têm assombrado atualmente?

Este é o momento ideal para refletir sobre os medos e as inseguranças que, de alguma forma, têm paralisado suas ações e atrapalhado sua vida.

REFERÊNCIAS

LIVROS

ALBANO, Jorgelina. **Sapatos vermelhos são de puta**: desafiando as crenças do patriarcado. Tradução Marcia Blasques. Bauru, SP: Astral Cultural, 2020.

ALENCAR, José de. **Senhora**. 2. ed. Jandira, SP: Principis, 2020.

BALZAC, Honoré de. **A mulher de trinta anos**. Tradução Rosa Freire d'Aguiar. São Paulo: Penguin Classics Companhia das Letras, 2015.

BEAUVOIR, Simone de. **O segundo sexo**. Rio de Janeiro: Nova Fronteira, 1980.

BEAUVOIR, Simone de. **Memórias de uma moça bem-comportada**. Tradução Sérgio Milliet. 5. ed. Rio de Janeiro: Nova Fronteira, 2017.

BETTELHEIM, Bruno. **A psicanálise dos contos de fadas**. Tradução Arlene Caetano. Rio de Janeiro: Paz & Terra, 1997.

BÍBLIA. **Bíblia Sagrada.** Tradução Joseph Smith. Salt Lake City, 2015.

BRAGA, João. **História da Moda**. 7. ed. São Paulo: Anhembi Morumbi, 2007.

BRASIL. **Código civil**: quadro comparativo 1916/2002. Brasília: Senado Federal, Subsecretaria de Edições Técnicas, 2003.

BRASIL. [Constituição (1988)]. **Constituição da República Federativa do Brasil de 1988**. Brasília, DF: Presidência da República, [2016]. Disponível em: http://www.planalto.gov.br/ccivil_03/Constituicao/Constituiçao.htm. Acesso em: 7 abr. 2025.

BUTLER, Judith. **Desfazendo gênero**. São Paulo: Unesp, 2022.

CLASTRES, Pierre. **A sociedade contra o Estado**. São Paulo: Ubu Editora, 2020.

COOK, Michael. **Uma breve história do homem**. Rio de Janeiro: Zahar, 2005.

DAMATTA, Roberto. **O que faz o brasil, Brasil?** Rio de Janeiro: Rocco, 1986.

DEL PRIORE, Mary. **O Livro de Ouro da História do Brasil**. Rio de Janeiro: Ediouro, 2001.

DEL PRIORE, Mary. **História do amor no Brasil**. 3. ed. São Paulo: Contexto, 2005.

DEL PRIORE, Mary. **Histórias e conversas de mulher**. 2. ed. São Paulo: Planeta, 2014.

DIDI-HUBERMAN, Georges. **Invenção da histeria**: Charcot e a iconografia fotográfica da Salpêtrière. Tradução Vera Ribeiro. Rio de Janeiro: Contraponto, 2015.

ENGELS, Friedrich. **A origem da família, da propriedade privada e do Estado**. Tradução Nélio Schneider. São Paulo: Boitempo Editorial, 2019.

ESTÉS, Clarissa Pinkola. **A ciranda das mulheres sábias**: ser jovem enquanto velha, velha enquanto jovem. Tradução Waldéa Barcellos. Rio de Janeiro: Rocco, 2007.

ESTÉS, Clarissa Pinkola. **Mulheres que correm com os lobos**: mitos e histórias do arquétipo da Mulher Selvagem. Tradução Waldéa Barcellos. 10. ed. Rio de Janeiro: Rocco, 2014.

FLORES, Lucio Paiva. **Adoradores do sol**: reflexões sobre a religiosidade indígena. Petrópolis, RJ: Vozes, 2003.

FONTE, Bruna. **O barquinho vai...**: Roberto Menescal e suas histórias. São Paulo: Irmãos Vitale, 2010.

FONTE, Bruna Ramos da. **Escrita Terapêutica:** um caminho para a cura interior. Belo Horizonte: Letramento, 2021.

FONTE, Bruna Ramos da. **Essa tal de Bossa Nova**. Rio de Janeiro: Rocco, 2022.

FÓRUM Brasileiro de Segurança Pública. **Anuário Brasileiro de**

Segurança Pública. São Paulo: FBSP, 2024.

FRIEDAN, Betty. **A mística feminina**. Tradução Carla Bitelli, Flávia Yacubian. Rio de Janeiro: Rosa dos Tempos.

FURNHAM, Adrian. **50 ideias de Psicologia que você precisa conhecer**. Tradução Cristina Yamagami. São Paulo: Planeta, 2015.

GLADWELL, Malcolm. **Fora de série**: *Outliers*. Tradução Ivo Korytowski. Rio de Janeiro: Sextante, 2008.

GRAY, John. **Homens são de Marte, mulheres são de Vênus**: um guia prático para melhorar a comunicação e conseguir o que você quer nos seus relacionamentos. Tradução Alexandre Jordão. Rio de Janeiro: Rocco, 1995.

HAN, Byung-Chul. **Sociedade do cansaço**. Tradução Enio Paulo Giachini. 2. ed. Petrópolis, RJ: Vozes, 2017.

HELLINGER, Bert; HOVEL, Gabriele T. **Constelações familiares**: o reconhecimento das ordens do amor. Tradução Eloisa Giancolo Tironi, Tsuyuko Jinno-Spelter. São Paulo: Cultrix, 2007.

HOLLIS, James. **Sob a sombra de Saturno**: a ferida e a cura dos homens. Tradução Cláudia Gerpe Duarte. São Paulo: Paulus Editora, 1997. (Coleção Amor e psique).

JORGE, Marco Antonio Coutinho. **Fundamentos da psicanálise de Freud a Lacan**: as bases conceituais. Rio de Janeiro: Zahar, 2022. v. 1.

JORGE, Marco Antonio Coutinho. **Fundamentos da psicanálise de Freud a Lacan**: a clínica da fantasia. Rio de Janeiro: Zahar, 2022. v. 2.

JORGE, Marco Antonio Coutinho. **Fundamentos da psicanálise de Freud a Lacan**: a prática analítica. Rio de Janeiro: Zahar, 2022. v. 3.

JORGE, Marco Antonio Coutinho. **Fundamentos da psicanálise de Freud a Lacan:** o laboratório do analista. Rio de Janeiro: Zahar, 2022. v. 4.

KAHR, Brett. **O sexo e a psique**. Tradução Lourdes Sette. Rio de Janeiro: Best*Seller*, 2009.

KHADY. **Mutilada**. Khady com a colaboração de Marie-Thérèse Cuny. Tradução Rejane Janowitzer. Rio de Janeiro: Rocco, 2006.

LINS, Regina Navarro. **Amor na vitrine**: um olhar sobre as relações amorosas contemporâneas. 2. ed. Rio de Janeiro: Best*Seller*, 2021.

LINS, Regina Navarro. **Sexo na vitrine:** sobre desejos e prazeres. Rio de Janeiro: Best*Seller*, 2022.

LIPTON, Bruce H. **A biologia da crença**: ciência e espiritualidade na mesma sintonia: o poder da consciência sobre a matéria e os milagres. Tradução Yma Vick. 19. ed. São Paulo: Butterfly Editora, 2007.

MICHAELIS: DICIONÁRIO Brasileiro da Língua Portuguesa. São Paulo: Melhoramentos.

MORTON, Andrew. **Diana**: sua verdadeira história. Tradução A. B. Pinheiro de Lemos, Lourdes Sette. 3. ed. Rio de Janeiro: Best*Seller*, 2014.

NEUHAUSER, Johannes (org.). **Para que o amor dê certo**: o trabalho terapêutico de Bert Hellinger com casais. Tradução Eloisa Giancolo Tironi, Tsuyuko Jinno-Spelter. 2. ed. São Paulo: Cultrix, 2006.

NOGUERA, Renato. **Mulheres e deusas**: como as divindades e os mitos femininos formaram a mulher atual. Rio de Janeiro: Harper Collins, 2017.

NOGUERA, Renato. **Por que amamos**: o que os

mitos e a filosofia têm a dizer sobre o amor. Rio de Janeiro: Harper Collins, 2020.

OYĚWÙMÍ, Oyèrónkẹ́. **A invenção das mulheres**: construindo um sentido africano para os discursos ocidentais de gênero. Tradução Wanderson Flor do Nascimento. Rio de Janeiro: Bazar do Tempo, 2021.

PALOMINO, Erika. **A moda**. 3. ed. São Paulo: Publifolha, 2003.

PASTOUREAU, Michel. **Dicionário das cores do nosso tempo**. Lisboa: Estampa, 1997.

PEASE, Allan; PEASE, Barbara. **Por que os homens fazem sexo e as mulheres fazem amor?** Tradução Neuza M. Simões Capelo. Rio de Janeiro: Sextante, 2010.

QUALLS-CORBETT, Nancy. **A prostituta sagrada**: a face eterna do feminino. Tradução Isa F. Leal Ferreira. São Paulo: Paulus, 1990. (Coleção Amor e psique).

REICH, Wilhelm. **A revolução sexual**. Tradução Ary Blaustein. 8. ed. Rio de Janeiro: Zahar Editores, 1981.

RIBEIRO, Darcy. **O povo brasileiro**: a formação e o sentido do Brasil. São Paulo: Global, 2015.

RIBEIRO, Darcy. **América Latina**: a pátria grande. São Paulo: Global, 2017.

ROBLES, Martha. **Mulheres, mitos e deusas**: o feminino através dos tempos. Tradução Willian Lagos; Débora Dutra Vieira. São Paulo: Aleph, 2006.

SARTO, Giovanna. **Revisitando o mito de Lilith**: um estudo sobre indecência e libertinagem em diálogo com a teologia queer de Marcella Althaus-Reid. Juiz de Fora: UFJF, 2023.

SILVA, Ana Beatriz B. **Mentes perigosas**: o psicopata mora ao lado.

Ed. de bolso. Rio de Janeiro: Objetiva, 2010.

VATSYAYANA. **Kama Sutra**. Tradução Marcos Santarrita. 2. ed. São Paulo: Martin Claret, 2012.

VICENTINO, Cláudio. **História do Brasil**. São Paulo: Scipione, 1997.

VIORST, Judith. **Perdas necessárias**. Tradução Aulyde Soares Rodrigues. 4. ed. São Paulo: Melhoramentos, 2005.

WOLF, Naomi. **O mito da beleza**: como as imagens de beleza são usadas contra as mulheres. 16. ed. Rio de Janeiro: Rosa dos Tempos, 2021.

WOOLF, Virginia. **Um teto todo seu**. Tradução Bia Nunes de Sousa, Glauco Mattoso. São Paulo: Tordesilhas, 2014.

WOOLF, Virginia. **Profissões para mulheres e outros ensaios**. Tradução e organização Wagner Schadeck. Rio de Janeiro: Nova Fronteira, 2021. (Coleção Biblioteca Diamante).

SITES | VEÍCULOS DE COMUNICAÇÃO, ENCICLOPÉDIAS, ORGANIZAÇÕES E SITES GOVERNAMENTAIS

Agência Pública | https://apublica.org

Al Jazeera | www.aljazeera.com

BBC | www.bbc.com

Britannica | www.britannica.com

Claudia | https://claudia.abril.com.br

CNN Brasil | www.cnnbrasil.com.br

Conectas Direitos Humanos | www.conectas.org

Corte Interamericana de Derechos Humanos | www.corteidh.or.cr

DW | www.dw.com

El País | https://elpais.com

Folha de S. Paulo | www.folha.uol.com.br

Human Rights Watch | www.hrw.org

Instituto Liberta | https://liberta.org.br

Le Figaro | www.lefigaro.fr

Le Monde | www.lemonde.fr

Marie Claire | https://revistamarieclaire.globo.com

Ministério dos Direitos Humanos e da Cidadania | www.gov.br/mdh

O Estado de S. Paulo | www.estadao.com.br

O Globo | https://oglobo.globo.com

ONU Brasil | https://brasil.un.org

ONU Mulheres Brasil | www.onumulheres.org.br

Piauí | https://piaui.folha.uol.com.br

Presidência da República | www.gov.br/planalto

Público | www.publico.pt

Senado Federal | https://www12.senado.leg.br

The Guardian | www.theguardian.com

The New York Times | www.nytimes.com

The Washington Post | https://www.washingtonpost.com

TPM | https://revistatrip.uol.com.br/tpm

Vogue | https://vogue.globo.com

FILMES E DOCUMENTÁRIOS

A BELA e a fera. Direção: Gary Trousdale/Kirk Wise. Roteiro: Roger Allers, Linda Woolverton. Estados Unidos da América: Walt Disney Pictures, 1991.

ABSORVENDO o tabu. Direção: Rayka Zehtabchi. Intérpretes: Ajeya; Anita; Gouri Choudari. Estados Unidos da América, 2018.

ALLADIN. Direção: Guy Ritchie. Produção: Dan Lin e Jonathan Eirich. Roteiro: John August e Guy Ritchie. Estados Unidos da América: Walt Disney Pictures, 2019.

A PEQUENA sereia. Direção: Rob Marshall. Produção: Rob Marshall; John DeLuca; Marc Platt e Lin-Manuel

Miranda. Roteiro: Jane Goldman e David Magee. Estados Unidos da América: Walt Disney Pictures, 2023.

CINDERELA. Direção: Kay Cannon. Produção: James Corden; Leo Pearlman; Jonathan Kadin; Shannon McIntosh e Irene Marquette. Intérpretes: Camila Cabello; Nicholas Galitzine; Idina Menzel; Minnie Driver; Billy Porter e Pierce Brosnan. Estados Unidos da América/Reino Unido: Columbia Pictures, 2021.

FEMINISTAS: o que elas estavam pensando? Direção: Johanna Demetrakas. Intérpretes: Laurie Anderson; Phyllis Chesler; Judy Chicago e outros. Roteiro: Johanna Demetrakas. Estados Unidos da América, 2018.

LOBBY do batom. Direção: Gabriela Gastal. Intérprete: Gabriela Gastal. Brasil: Mapa Filmes/3 de Copas, 2022.

QUANTO tempo o tempo tem. Direção: Adriana L. Dutra e Walter Carvalho. Intérpretes: André Comte-Sponville; Marcelo Gleiser e Thierry Paquot. Roteiro: Adriana L. Dutra e Flavia Guimarães. Brasil: Inffinito, 2015.

O GOLPISTA do Tinder. Direção: Felicity Morris. Intérpretes: Simon Leviev; Cecilie Fjellhøy e Pernilla Sjöholm. Roteiro: Felicity Morris. Estados Unidos da América: Original Netflix, 2021.

O RENASCIMENTO do parto. Direção: Eduardo Chauvet. Intérpretes: Melania Amorim; Ricardo Chaves; Robbie Davis--Floyd. Roteiro: Érica de Paula. Brasil, 2013.

O RENASCIMENTO do parto 2. Direção: Eduardo Chauvet. Intérpretes: Fernanda Lima; Lesley Page; Frank Lowen e outros. Brasil, 2015.

O RENASCIMENTO do parto 3. Direção: Eduardo Chauvet. Roteiro: Érica de Paula. Brasil, 2018.